ROMEON
VERLAG

Was muss ich tun? Wer darf ich sein?

1. Auflage, erschienen 10-2023

Umschlaggestaltung: Romeon Verlag
Text: Dr. Hans Erich Müller
Layout: Romeon Verlag

www.romeon-verlag.de

Bibliografische Information der Deutschen Nationalbibliothek:
Die Deutsche Nationalbibliothek verzeichnet diese Publikation in der Deutschen Nationalbibliografie; detaillierte bibliografische Daten sind im Internet über *https://dnb.dnb.de* abrufbar.

Dr. Hans Erich Müller

Was muss ich tun?
oder
Wer darf ich sein?

Eine Existenzfrage

Bindung (Religio) wozu?
Für meine Enkel und andere Suchende.

Gewidmet Eugen Drewer-
mann, der meinen religiösen
Glauben vom Kopf auf die
Füße gestellt hat.

Inhaltsverzeichnis

Vorwort

Winken Sie auch ab, wenn theologisch diskutiert oder doziert wird? Haben Sie vielleicht dennoch den Eindruck, an 2000 Jahren Christentum gibt es trotz massenhafter Katastrophen und Missbräuchen mehr zu sagen, als dass das „Abendland" in Kunst und Kultur immerhin vom Christentum geprägt worden ist? Und sind Sie auch verwundert, dass das Kruzifix in Bayern ein „Kulturgut" geworden ist, das inflationär in jedem Amt hängen soll? Dann lesen Sie weiter. Dann könnte es für Sie interessant werden.

Vielleicht will mancher nicht mehr von Gott reden, weil ihm der Glaube daran ausgetrieben wurde oder abhandengekommen ist. Aber jeder kann spüren, dass er Liebe braucht und merkt, wenn er davon zu wenig abbekommen hat.

Weil Menschen mit der (lieblosen) Realität nicht fertig werden, fragen sie nach Gott, sie suchen Gott. Wonach suchen sie? Nach einem Gegenüber ihrer Angst und Einsamkeit. Sie suchen nach einem Trost in ihrem Schmerz, nach einem Halt in der Vergänglichkeit.

Freiheit und trotzdem Bindung.

Jeder Mensch braucht Bindung (Religio), auch wenn er sich dessen nicht bewusst ist. Nehmen wir das mal wörtlich: Wenn wir uns auf die Skier stellen ohne Bindung, machen sie mit uns, was sie wollen, und wir fallen auf die Nase. Um die Richtung bestimmen zu können, brauchen wir eine Bindung, auf dem Ski-Hang genau wie im Leben.

Neulich las ich bei Christina Brudereck: Ich glaube an die

Schönheit der Demokratie, weil sie schön ist. Meinungsfreiheit ist schön. Wählen zu können ist schön. Fairness ist schön. Augenhöhe ist schön. Zusammenarbeit ist schön. Transparenz und Respekt sind schön. Das hat mich beeindruckt. Und es ging mir schlagartig auf, dass das für die Religion ebenso zutrifft:

- **Gemeinschaft** Gleichgesinnter ist schön.
- **Geborgenheit** in einer Wertegemeinschaft ist schön.
- **Dasein für Andere** trotz Hass und Missgunst in der Welt ist schön.
- **Glaube**, dass es eine Kraft gibt, die will, dass es mich gibt, ist schön.
- **Liebe,** Nächstenliebe ist schön.
- **Hoffnung** über alles Bedrückende hinweg ist schön.

Aber ich will nicht so tun, als gäbe es in der Religion oder gar in der Kirche und im religiösen Handeln nur „Friede, Freude und Eierkuchen!"

Heute ist es nicht ganz leicht, von christlichem Glauben und von Gott zu sprechen. Leicht kommt man in Verdacht, zu den Spinnern zu gehören, die mit der Wissenschaft im Clinch liegen und an Zauberei glauben. Viele der unzähligen Glaubensgemeinschaften machen es ihren Kritikern auf diesem Gebiet auch leicht.

Reizwörter wie Kreuzzüge, Hexenverbrennungen, christlicher Fundamentalismus, kirchlicher Amtsmissbrauch usw. machen sachliche Auseinandersetzungen oft schwierig.

Religion kann missbraucht werden, so wie ein Messer: als Mordwaffe. Werfen wir deshalb alle Messer über Bord?

Aber wenn auch die „Religion der Liebe" über Jahrhunderte

missbraucht und mit Füßen getreten worden ist, so haben sich immer wieder viele ihrer Vertreter auf ihre eigentliche Aufgabe besonnen; für mich eines der größten Wunder.

Die Ungerechtigkeit besteht darin, dass die schlimmen und skandalösen Dinge immer riesigen Krach verursachen, während die (Nächsten)-Liebe eher leise und wenig beachtet daherkommt.

Viele Glaubensgemeinschaften bieten ihren Anhängern ein rundes Bild mit klaren Ansagen für die wichtigsten Dinge im Leben. Das ist bequem. Allzu viel Denken stört da oft. (Ironie beabsichtigt).

DREWERMANN: *Wenn Glaube wieder glaubhaft werden soll, dann nur, indem man ihn vom Leben her begründet.*

Will man die Kinder «christlich» unterweisen, so sollte man in Form und Inhalt gerade in der Weise «lehren», wie Jesus selber es getan hat. Gleichnisse wie die vom verlorenen Schaf oder von dem gütigen Vater und den beiden Söhnen oder von dem barmherzigen Samariter oder das Gleichnis von der selbstwachsenden Saat und viele andere, daneben auch Begebenheiten aus dem Leben Jesu: wie er die «Zöllner» und die «Sünder» aufnimmt; die Geschichte von Zachäus und die Geschichte von der Sünderin) oder wie er die Kranken heilt, selbst wenn er dabei das Gebot des Sabbats bricht. All diese Geschichten mögen zeigen und einüben, wie Jesus dachte und gelehrt hat; dann erst, für das erwachsene Bewusstsein, kann man die Frage einführen, wie man in einer Welt der Gnadenlosigkeit antworten kann auf eine Lehre und ein Leben reiner «Gnade»; und dann kann man und muss man weiterfragen, mit welcher Hoffnung auf die absolute Güte Gottes jemand wie Jesus in den Tod geht. Fest steht: man kann nicht annähernd auch nur versuchen, so zu leben, wie es Jesus tat, ohne wie er zu glauben.

Menschen müssen eine absolute Geltung haben. Es bedarf eines absoluten Gegenübers ihrer Anerkennung. Ein solches Gegenüber kann und darf nicht die Natur, nicht die Gesellschaft, nicht ein Zweckverband aus Industrie und Militär und Banken sein. Wie kann man aber an ein Absolutes glauben, damit Menschen nicht länger mehr als Mittel für die Zielsetzungen anderer herhalten müssen? Diese Frage wird uns zweifellos noch beschäftigen.

Ich selbst bin in die Evangelische Kirche hineingeboren. Im Laufe der Jahrzehnte habe ich gemerkt, dass diese Kirche in brüderlicher Vielfalt die verschiedensten Gottesbilder zulässt, ohne bestimmte Ansichten zu verketzern.

Entscheidend ist, dass nicht der menschliche Egoismus und Machttrieb das letzte Wort haben, sondern die durch Jesus Christus verkörperte Nächstenliebe.

Auf dieser Basis kann man auch mit anderen Konfessionen und religiösen Sondergemeinschaften sprechen und zusammenarbeiten. Dabei gebe ich nicht gern meinen (hoffentlich) gesunden Menschenverstand in der Garderobe ab.

Nach der Konfirmation wäre ich in den „kirchlichen Ruhestand“ getreten, hätte mich nicht ein Schulkamerad (Pfarrerssohn) überall hin „mitgeschleppt“. So konnte ich mein Welt- und Gottesbild über Junge Gemeinde und Studentengemeinde bis heute weiterentwickeln, und ich will nicht behaupten, dass ich damit fertig bin.

Im Laufe meines Lebens habe ich mich durch manches theologische Werk gequält. Vieles hat mir weitergeholfen, aber vieles ist für uns Laien unverdaulich.

Aber ich habe immer wieder Pfarrer und Freunde erlebt, die es verstanden haben, mir die Kostbarkeiten der Religion nahezubringen, wozu persönliche Glaubwürdigkeit und eine tragfähige Gemeinschaft unumgänglich sind.

Erst die Beschäftigung mit dem Theologen EUGEN DREWERMANN und seinem Zusammenspiel von Theologie und Psychoanalyse hat mir die richtigen Antworten gegeben: Es geht nicht so sehr darum: **„Was muss ich tun?“** sondern „**Wer darf ich sein?“**, die Fortsetzung der Frage Martin Luthers: Nicht die „guten Werke“, sondern die Annahme durch Gott rechtfertigen unser Leben. Keiner kann sich das „Himmelreich“ durch Wohlverhalten und gute Taten erwerben. Das weiß man schon seit Augustinus (4./5.Jh.) und davor, vergisst es aber immer wieder. Indem mir klar gemacht wurde, dass es in der Religion weniger um Moral und Ethik geht, sondern dass Annahme durch Gott und die Mitmenschen und das Grundvertrauen das Eigentliche sind, hat E. DREWERMANN meinen religiösen Glauben vom Kopf auf die Füße gestellt.

M.E. Drewermanns wichtigster Grundgedanke:

Wenn Gott doch die Liebe ist, warum predigt man ihn als einen Strafenden? Wenn Gott doch gütig ist, warum kann man dann Menschen, die offensichtlich verstrickt sind in Angst und Verlorenheit, ausstoßen? Wie ist es möglich, im Namen Gottes Menschen zu verdammen?

Daraus folgt logisch:
Die Hauptaufgabe der Religion ist es, das Grundvertrauen zu stärken und die Urangst zu beruhigen. Punktum!

Die Theologie tut sich schwer, tangierende Wissenschaften mit einzubeziehen. Die Psychoanalyse habe ich schon erwähnt. Mir hat aber auch die Verhaltensforschung (KONRAD LORENZ, „Das sogenannte Böse“) wichtige Dinge vermittelt, die unsere Menschwerdung und die Einbettung in die Natur und unsere Stellung darin verdeutlichen. Durch sie erscheinen die kostbaren Mythen am Anfang der Bibel erst im richtigen Licht und vervollständigen mein Menschenbild und die Probleme der Menschen untereinander. Aus all diesen Komponenten besteht ein für mich widerspruchsfreies Bild des Verhältnisses des Menschen zu einer höheren Kraft, die von den wenigsten Menschen vollkommen geleugnet wird, und die ich mit meinen Mitchristen - welcher Richtung auch immer – **Gott** nenne.

Ich bin mir meiner mentalen Grenzen bewusst. Natürlich bewundere ich viele bücherschreibende Leute, die selbst Kant, Heidegger und Wittgenstein nicht nur gelesen sondern auch verstanden haben. Trotzdem nehme ich mir heraus, mich mit religiösen Fragen zu beschäftigen und lebenslang ein auch für einfache wie hochfliegende Geister gleichfalls gültiges Gottesbild zu suchen.

Und so getraue ich mich heute, meinen Enkeln ein Glaubens-und Gottesbild zu bieten, das in Übereinstimmung mit den Erkenntnissen der (Natur)-Wissenschaft ist und ohne Zauberei (Durchbrechen von Naturgesetzen) auskommt. Es kommt auch bestens mit unserer modernen Gesellschaft aus.

Ich bin kein Theologe sondern Mediziner im Ruhestand. Aber religiöse Fragen haben mich immer interessiert. Ich muss mich sowohl gegen die evangelikalen Fundamentalisten als auch gegen militante Atheisten abgrenzen.

Für manchen Theologen mögen meine Ausführungen naiv und philosophisch eher einfach gestrickt daher kommen. Aber ich möchte ja auch nicht nur von Theologen verstanden werden, sondern von meinen Enkeln, Freunden und allen, die bei der wissenschaftlichen Theologie resigniert oder gelangweilt abwinken. Gesunder Menschenverstand ist, wie schon oben gesagt, mein Hauptinstrument.

Ein Vergleich der Theologie mit der Medizin: Den Kranken interessieren nicht vordringlich die chemischen und physikalischen Vorgänge in der Zelle, im Gewebe und im ganzen Körper, die die Voraussetzung für die richtige Behandlung sind.

Er will vielmehr gesund werden und sich wohlfühlen. Ebenso soll mir die Theologie zu einem sinnvollen Leben ohne Verzweiflung verhelfen, während die Frage, ob eine Bibelstelle ein echtes Jesuswort oder nur zugeschrieben ist, sekundär ist.

Meine (natürlich von Theologen vermittelte) Theologie ist einfach und unkompliziert, ohne die wesentlichen Probleme zu verflachen. Da die Theologie als Ganzes ein sehr differenziertes Gebäude ist und 99 Theologen mindestens 100 unterschiedliche Meinungen haben, erlaube ich mir, meine Überzeugung, um die ich auch heute noch ringe, in wenigen vom Hauptstrom teilweise abweichenden Punkten zu formulieren. Nicht viele sind bereit, ein 400-Seitenbuch eines Theologen zu lesen. Dagegen sind die ca. 112 Seiten, die vor Ihnen liegen, doch eher zu bewältigen.

Ich biete und erwarte Toleranz, soweit es geht: Gegenüber Intoleranz kann es keine Toleranz geben.

Von vielen Leuten habe ich schon gehört (u.a. von Prof. J. Hackethal persönlich): „Mit dem lieben Gott habe ich keine Probleme, nur mit seinem Bodenpersonal!“

Jeden, der sich, aus welchen Gründen auch immer, aus der Kirche heraustreiben lässt, kann ich nur bedauern. Innerhalb der Kirche habe ich eine Heimat gefunden und kann es nur jedem ebenfalls wünschen. Mir muss in der Kirche und Gemeinde nicht jeder sympathisch sein. Aber ich weiß, dass auch er ein „Kind Gottes“ ist. Da kann ich ihn annehmen mit all seinen Problemen, was auch immer diese Probleme beinhalten. (siehe später)

Ich wünschte mir, dass wir nicht so viel aneinander vorbeireden würden und lieber nach den Kostbarkeiten der Religion suchen und sie für das Gelingen unseres Lebens bewahren und nutzen.

Was ich meine, drückt am besten

Die Geschichte vom Elefanten und den blinden Kindern aus: In einer Stadt gab es eine Blindenschule. Als ein Zirkus in die Stadt kam, bat der Schuldirektor den Zirkusdirektor, er solle doch mal einen Elefanten auf den Schulhof bringen. Darauf durften die blinden Kinder den Elefanten „begreifen". Bei dem beschränkten Platz konnten sie aber nicht jede Gegend des Elefanten erreichen. So setzten sie sich hinterher zusammen und erzählten sich, wie sie den Elefanten erlebt haben. Eins sagte: „Der Elefant ist wie ein Baum mit einer rauen Borke." Ein anderes: „Der Elefant ist wie ein dicker Feuerwehrschlauch." Das dritte: „Der Elefant ist wie ein hartes, glattes Horn und unten ganz spitz usw. Und dann machten sie etwas nicht, was wir so gern tun. Sie sagten nicht: „Was Du erlebt hast kann nicht stimmen. Nur was ich erlebt habe ist die Wahrheit." Sondern sie hörten aufeinander und konnten sich so ein Bild über die Größe und die Pracht des Elefanten machen. (Aus Südasien)

Für meine Enkel Charlotte und Nicholas habe ich, was ich an Glaubensinhalten in etlichen Jahrzehnten gesammelt und für mich als wichtig empfunden habe, aufgeschrieben in der Hoffnung, dass es für sie einmal eine Bedeutung bekommen kann. Falls dieses ursprünglich nur für die Enkel gedachte „Glaubensbekenntnis" geeignet ist, auch **bei manchem Mitmenschen ein Nachdenken und Überprüfen der eigenen Position anzuregen**, wäre die Schreiberei nicht vergeblich gewesen.

Für die Allgemeinheit musste ich es gründlich überarbeiten.

Sollte ich Sie, lieber Leser, neugierig gemacht haben, würde mich das freuen.

Einleitung für meine Enkel

Charlotte und Nicki (inzwischen sind beide deutlich älter)

Meine liebe Charlotte, mein lieber Nicki,

ich bin stolz, Euer Großvater zu sein und Euch meine Enkel nennen zu dürfen. Oft ist es so, dass die jüngere Generation mit der älteren und auch umgekehrt nichts anfangen kann und sich nicht versteht, besonders wenn die Alten meinen, sie müssten die Jungen belehren. Sicher seht Ihr vieles anders, als ich es zu meiner Zeit erlebt habe, und manches werde ich auch an der jungen Generation nicht verstehen können. Das muss nicht schlimm sein, solange man sich miteinander Mühe gibt und nicht meint, nur man selbst habe Recht. Man muss Verständnis für den Andern haben und versuchen, sich in seine Lage zu versetzen.

Ich bin fest überzeugt, dass Eure Eltern Euch ein hervorragendes Rüstzeug auf den Lebensweg mitgegeben haben. Das Wichtigste ist die Liebe und ist die Menschlichkeit. Ich bin überzeugt, dass davon auch Euer Leben geprägt wird, da die Eltern sie Euch vorgelebt haben. Da wir das auch bei unseren Kindern versucht haben, natürlich nie fehlerfrei und vollkommen, haben wir an Eurer Lebenseinstellung auch ein bisschen Anteil.

Besonders gefällt mir Eure Lebendigkeit, Eure Menschenliebe und Lebensfreude. Toll ist Eure Sportlichkeit, die nie Langeweile aufkommen lässt, und Eure Tierliebe. Ach, ich könnte noch so viel aufzählen, aber das wäre sicher überflüssig, und außerdem solltet Ihr ja auch nicht übermütig und unbescheiden werden. Aber es ist eigentlich eine schöne Bilanz Eures bisherigen Lebens. Man könnte meinen, darin steckt schon viel Sinn. Das ist sicher auch so. Euer Tag ist mit mehr oder weniger erfreulichen Dingen ausgefüllt. Ihr seid „Manns" genug, Eure Probleme zu lösen.

Trotzdem hat das alles den Menschen auch früherer Jahrhunderte und Jahrtausende nicht ganz genügt. Immer schon bewegte die Menschen: „**Woher kommen wir, wohin gehen wir, und was ist der Sinn unseres Lebens?**" Und das ist ein wichtiger Teil der Religion, wenn nicht der wichtigste.

Da waren sich schon immer alle einig, dass man sich den Sinn des Lebens nicht selber geben kann, so wie Münchhausen sich aus dem Sumpf selbst am eigenen Zopf herausgezogen haben soll. Auch die Wissenschaft, die uns ja ein komfortables Leben schenkt, kann über den Sinn so gut wie nichts sagen. Sie sorgt für das **Wohl** des Menschen, die Religion aber für das **Heil!** Das ist die Quintessenz dieses Schriftstückes. (Siehe später)

Das „Warum" meines Lebens, meinen Sinn, müssen mir meine Mitmenschen schenken. Dies kann ich nicht selbst herstellen bzw. erreichen.

Wie nötig ist Religion! Wer, wenn nicht sie, könnte den Menschen, uns allen, sagen, dass sie mehr sind als Übergangsgebilde im Stoffwechselhaushalt der Natur, dass sie zu schade sind, um sich als Konsumenten und als Produzenten im Wirtschaftskreislauf zweifelhafter Kapitalverwerter zu verschleißen, und dass es nicht ihr wichtigster Wert ist, Leistungsträger bei der Sicherung des Industriestandorts Deutschland oder irgendeines anderen Landes der Welt zu sein. Wir Menschen, und zwar alle, sind viel mehr wert! Darauf komme ich noch.

Wir haben wunderbare Fähigkeiten gegenüber den Tieren (Kultur, Kunst, Heilkunst, unglaubliche Erfindungen, die uns beglücken können und unglaubliche Möglichkeiten eröffnen).

Aber wir haben auch ein Problem, was die Tiere nicht haben. Wir wissen, dass wir sterben müssen. Wir entdecken notwendig unsere Endlichkeit; wir müssen nicht nur sterben, wir müssen mit dem Wissen um die Sterblichkeit leben. Dann aber ist es die Frage, ob wir bei der biologischen Sicht stehen bleiben und uns selber für nichts weiter als „Staubgeburten" halten, oder ob wir unser Dasein als etwas Gewolltes, Berechtigtes, Erwünschtes zu betrachten lernen. Und am Ende unseres Lebens stellen wir uns, wenn wir noch dazu kommen, zwangsläufig die Frage, ob unser Leben einen Sinn gehabt hat.

Bei Leuten, die nichts anderes interessiert hat als Karriere und Geldverdienen, oder die sich immer nur um sich selbst „gedreht" haben und denen ihre Mitmenschen weitgehend egal waren, können vielleicht gut funktioniert haben und für ihre Umgebung nützlich gewesen sein. Ob sie aber ein sinnvolles Leben geführt haben, ist damit noch nicht gesagt.

Ebenso bei Menschen, deren wichtigstes Ziel es war, andere zu beherrschen, Macht auszuüben, um selbst Befriedigung durch einen Machtrausch zu erleben. Im Gegenteil haben diese meist viele Menschenleben auf dem Gewissen.

Da denke ich an Napoleon, Hitler, Stalin und viele andere.

Ich selbst habe recht lange gebraucht, um mein (christliches) Weltbild abzurunden und es einigermaßen widerspruchsfrei zu formulieren. Eigentlich kann ich auch heute noch nicht sagen, dass sich da nichts mehr verändert. Ich bin nie fertig und immer auf der Suche.

Zu meiner Konfirmation war ich noch gar nicht fähig und willens, mich damit zu befassen. Zu dieser Zeit sind die wenigsten an solchen Fragen interessiert. Aber häufig kommt das dann später, und dann ist es vielleicht eine Hilfe, ein paar Antworten zu bekommen, oder wenigstens zu wissen wie jemand gedacht hat, der einem nahe steht, also z. B. der eigene Großvater, so „fossil" er auch sein mag.

In meiner Oberschulzeit (9.-12. Klasse) habe ich durch Kontakt mit Mitschülern (Pfarrerskinder) und anderen mein Weltbild geformt und auch die christliche Gemeinschaft schätzen gelernt. Weitergabe von Glauben und Religion geht immer nur von Mensch zu Mensch.

Einen großen Sprung nach vorn brachte die evangelische Studentengemeinde (ESG) während des Studiums. Da habe ich Leute kennengelernt, die wirklich etwas Gutes zu sagen hatten, was das Leben prägen kann, und was oft noch unreife Ansichten reifen lässt.

Ohne ESG hätte ich Ebba auch nicht kennengelernt, und Euch würde es so wie Ihr heute seid, gar nicht geben. Aber das nur nebenbei.

Ich habe in der 6. Klasse mal den Katecheten (Christenlehre war außerhalb der Schule) gefragt, was ich denn machen könnte, damit Gott mich akzeptiert und gern hat. Er sagte: „Halte die 10 Gebote und besonders das Gebot der Nächstenliebe. Mehr kannst du gar nicht machen." Erst war ich ein bisschen unzufrieden mit der Antwort, aber dann ging mir auf: eigentlich stimmt es. Vielmehr können wir nicht tun. Das werde ich später noch erläutern.

Aber auf die Frage an meinen Katecheten habe ich sehr lange bis zu einer befriedigenden Antwort gebraucht.

Später habe ich mich gefragt, wie man einen Süchtigen oder einen anders seelisch problematischen Menschen beurteilen kann.

Nehmen wir einen Alkoholiker. Wenn wir moralisch an ihn herangehen, müssten wir ihn verurteilen. Er stiehlt und lügt, um an den Stoff zu kommen oder macht noch schlimmere Sachen. Dabei kann er ein begnadeter Künstler sein, Musiker, Maler, Schriftsteller, was gar nicht so selten ist. Wer will denn über solche Menschen urteilen wie Ingeborg Bachmann, oder Hans Fallada?

Es ist also manchmal kompliziert, wenn man gut sein will, aber nicht kann. An einer einzigen Stelle (Römerbrief) kommt das in der Bibel vor: …das Gute, das ich will, tue ich nicht, aber das Böse, das ich nicht will, tue ich.

Es nützt wenig, wenn man zu so einem Menschen sagt: „Du musst doch einfach nicht trinken!“ „Tu doch einfach nur das Gute!“ Das ist eine tragische Situation. Es kommt eben nicht nur auf den guten Willen an! Oder es gibt Situationen, wo Du Dich zwischen zwei Übeln entscheiden musst. Egal, wie Du Dich entscheidest, jedes Mal wirst Du schuldig. Auch das ist eine tragische Situation.

Z.B. könnte man Kenntnis haben von einer Straftat eines Menschen, z.B. Diebstahl durch einen Arbeitskollegen. Das müsste man natürlich melden. Damit macht man aber vielleicht dessen Leben kaputt, und möglicherweise hat der Täter längst bereut und will den Schaden wieder gut machen. Ihr könnt Euch solch eine Zwickmühle sicher vorstellen.

Die schweren, oben angerissenen Fragen, z.B. die der Tragik, der Angst vor dem Leben und deren Beruhigung, sowie das Grundvertrauen, das uns zur Liebe befähigt, hat mir EUGEN DREWERMANN beantwortet.

Die Beschäftigung mit dem in Paderborn lebenden Theologen hatte den größten und entscheidenden Einfluss, der mir die Verbindung der Religion mit der Psychologie (salopp „Seelenklempnerei“) deutlich gemacht hat. Leider hat seine katholische Kirche seine Größe und Wichtigkeit nicht erkannt und ihn ausgegrenzt.

Seine Auffassung ist für mich nicht nur einleuchtend und einfach, sondern sie hat mir auch den Sinn der Religion und damit meines Lebens deutlich gemacht. Ich möchte sogar so weit gehen: Religion kann nur dann sinnvoll sein, wenn sie die Psychologie als Grundpfeiler mit einbaut. Ein guter Seelsorger macht das sicher automatisch.

Natürlich wäre es besser, wenn wir diese Dinge besprechen könnten, wenn wir unter 4-6 Augen zusammensitzen würden und die Fragen von Euch kämen, denn dann wüssten wir, dass es Dinge sind, die Euch wirklich interessieren und angehen.

Aber leider wohnen wir so weit auseinander, und die wenige Zeit, die wir zusammen verbringen können, wie die schönen Urlaube, sollten erstens nicht überfrachtet werden, und zweitens dauert es auch oft länger, bis einem die richtigen Fragen kommen. Wenn man zusammen lebt, hat man es da leichter.

Außerdem weiß ich natürlich nicht, wie lange ich lebe und Euch zur Verfügung stehen kann. So habe ich mir die Mühe gemacht, das, woran ich glaube, was meine Religion ausmacht, aufzuschreiben, in der Hoffnung, dass Ihr vielleicht später etwas damit anfangen könnt.

Wenn Ihr jetzt erst einmal genug habt und sagt: „Alles gut und schön, aber das sind zurzeit nicht meine Probleme“, dann ist das durchaus in Ordnung.

Dann legt das Geschriebene erst mal zur Seite, vergesst es aber vielleicht nicht ganz. Es könnte ja mal im Lauf Eures noch jungen Lebens sein, dass diese Fragen für Euch interessant werden. Und dann guckt Ihr mal wieder rein. Später könnte vielleicht manches für Euch wichtig werden, was Euch heute noch trocken und uninteressant vorkommt.

Zur Sache

Jetzt gehe ich mal ein bisschen in die Einzelheiten.

Bis in die Neuzeit (Aufklärung) hinein (und in manchen Glaubensgemeinschaften bis heute) wurden die biblischen Berichte und Geschichten als Tatsachenberichte aufgefasst. Man tat sich schwer, den mythischen oder symbolischen Hintergrund der eigenen Glaubensvorstellung für ernst und wichtig zu halten. Adam, Eva, Kain, Abel und Noah wurden als historische Personen aufgefasst, auch wenn man die daraus entstehenden Widersprüche nur notdürftig übertünchen konnte. Indem die biblischen Berichte zu historisch einmaligen, objektiven Tatsachenbehauptungen wurden, kam man ohne Durchbrechung der Naturgesetze nicht aus. Allerdings begriff man unter diesen Umständen oft nicht die genialen symbolischen Aussagen, und das Gottesbild wurde dadurch verzerrt. Ich behaupte mit allen seriösen protestantischen Theologen der letzten zwei Jahrhunderte, dass Gott, (soweit ich ihn als Person auffasse), es nicht nötig hat, uns mit „Zauberkunststückchen" zu beeindrucken.

Im Glaubensbekenntnis fällt uns die Symbolsprache offenbar nicht schwer: „Er sitzt zur Rechten Gottes…" Wer sitzt, ist von der Schwerkraft abhängig, sonst schwebt er. Will das jemand wirklich wörtlich glauben? Nein, es ist ein antikes Herrschaftsbild, das die Sonderstellung von Jesus darstellen soll.

Im religiösen Sinn wird Glauben meist mit „für wahr halten" gleichgesetzt. Ich finde es besser, wenn man Glauben mit „für wichtig halten" gleichsetzt. Was nützt mir eine Wahrheit, die für mich nicht wichtig ist?

Hierzu ein Beispiel: Im Neuen Testament gibt es die Wundergeschichte von der Stillung des Sturmes. Die Jünger fahren mit Jesus mit einem Boot über den See Genezareth.

Jesus ist eingeschlafen, als ein Sturm beginnt. In ihrer Angst wecken die Jünger Jesus, der sie beruhigt und den Sturm stillt. Wenn ich das Ereignis historisch betrachten wollte, wäre es eine Durchbrechung von Naturgesetzen. An so etwas glaube ich nicht. Für mich ist es uninteressant, ob dieses Ereignis wirklich an einem bestimmten Tag z.B. des Jahres 31 stattgefunden hat. Es kommt darauf an, was mit dieser Gleichnisgeschichte ausgedrückt werden soll. Es heißt für mich, dass Jesus

seinen Jüngern signalisiert: Auch wenn euch mal die Fetzen um die Ohren fliegen, seid ihr doch nicht verlassen, denn ich bin bei euch! Das halte ich für wichtig.

Mein Freund und Pfarrer MARC POKOJ drückt es noch entschiedener aus: **Im Glauben ist meine ganze Existenz in Gott geborgen.** (Nach Kierkegaard) Da Gott = (Nächsten)-Liebe ist, könnte man es auch so ausdrücken: Im Glauben ist meine ganze Existenz in der Nächstenliebe geborgen. Dazu später mehr.

Was ich bei Drewermann erfahren habe, hat mein „Glaubensbekenntnis“ modifiziert und verändert. Ich habe es in drei Abteilungen aufgeschrieben, in hoffentlich verständlicher Form.

Da ich an verschiedene Probleme von unterschiedlicher Seite heran gehe, kommt es notgedrungen zu Wiederholungen von Gedanken und Darstellungen. Ich bitte, sich davon nicht verwirren zu lassen.

Die erste Abteilung ist die Wichtigste (also „Pflicht“). Die zweite (Blutopfer Jesu) und die dritte (Lebensende) sind „Kür“, für mich allerdings doch auch recht wichtig.

1. Abteilung

1.1. Geborgenheit, Grundvertrauen, Lebenssinn

1.1.1. Humanismus statt Gottesglaube?

Mein Freund Burghard R. fragte mich einmal: „Was ist denn das spezifisch Christliche an deinem Glauben? Jesus war ja so menschlich, um nicht zu sagen er war Humanist. Ist das nicht auch alles in einer humanistisch-atheistischen Einstellung zu finden, und man könnte das „christliche Etikett" ruhig weglassen?" Deshalb habe ich mir einmal darüber Gedanken gemacht.

Natürlich beanspruche ich für mich auch eine humanistische Einstellung. Irgendwie haben wir (und ein Großteil unserer Mitmenschen) angeregt durch die Aufklärung eine solche Einstellung verinnerlicht. Im Grundgesetz unseres Landes steht auch, dass die Würde des Menschen unantastbar ist. Das dürfte jedem Vernünftigen einleuchten. Und die meisten achten das auch.

Wir sind bereit, uns Mühe zu geben, die wesentlichen Grundzüge zu befolgen: 1. Das Leben des anderen zu achten, 2. Sein Eigentum zu achten, 3. Uns um Wahrhaftigkeit zu bemühen, 4. Die Sexualsphäre des anderen zu achten. (Zusammengefasst: Seine Würde zu achten) Das sind die Dinge, die im Großen und Ganzen auch der Inhalt der 10 Gebote sind, zumindest, was das Zusammenleben in einer Gemeinschaft angeht (Nr.4-10). Ethik, Moral, was zu tun ist, verbindet uns in jedem Falle. Aber das hat für mich nur randweise etwas mit Religion zu tun, obwohl das vielen nominellen Christen reicht: „Schicken wir die Kinder in die Kirche, da wird ihnen wenigstens Anstand beigebracht".

Falls es jemand nicht herausgehört haben sollte: Das war eine ironische Bemerkung. Ich gestehe jedem ehrlichen Atheisten zu, dass er moralisch und ethisch handeln kann, auch wenn sich das Immanuel Kant nicht vorstellen konnte. Für ihn kann jemand nur wahrhaft moralisch handeln, wenn er an ein göttliches Wesen glaubt.

Die Juden im Alten Testament bekamen mit über sechshundert Regeln und Gesetzen gesagt, wo es lang geht, und alle wussten, was sie zu tun hatten; und wer sich anpassen konnte, eckte nicht an und war in seine Gemeinschaft integriert.

Gesetze sind ja eine gute und wichtige Sache, die es nach HAMMURABI, der sie vermutlich als erster aufschreiben ließ, in jeder funktionierenden Gesellschaft gab. Zu wissen, dass man in dieser Gemeinschaft keine Angst um Eigentum und Leben haben muss, gibt dem Einzelnen schon ein Gefühl der Sicherheit.

Wie sich der Einzelne allerdings seelisch fühlte, war damit nicht geregelt. Welche **Ängste, Sehnsüchte, Zwänge und Pro-**

bleme er hatte, blieb dabei unberücksichtigt. Er konnte möglicherweise unter solchen Dingen seelisch leiden. Solange er sich nichts anmerken ließ, änderte sich für ihn nichts. Schwierig wurde es, wenn er sich nicht ausreichend anpassen konnte und auffällig wurde. Dann konnte es schnell tragisch werden.

1.1.2 Wer darf ich sein? statt: Was muss ich tun?

Die Gesetze dienen also vorwiegend der Gemeinschaft, weniger dem Einzelnen. Wie es dem innerlich geht,interessiert die Gemeinschaft zunächst nicht.

Das reicht mir nicht. Mir geht es nicht so sehr um: „Was muss ich tun?“ (wie im ganzen Alten Testament ab den Abraham-Geschichten), sondern: „Wer darf ich sein?“, (s.o.) wozu Jesus im Neuen Testament einlädt.

Die Bibel spricht von Gott immer von einer Person, die aber nicht erkennen lässt, welcher Natur sie ist. Eine Person, die Verträge schließen kann, aber der große Unbekannte hinter dem Vorhang bleibt. Jesus spricht ihr neben Allmacht Liebe, Güte, Zuwendung und Väterlichkeit zu, und zwar nicht nur gegenüber Jesus, sondern gegenüber allen Menschen. Sich ihn vorstellen bzw. ein Bild von ihm machen sollen wir aber nicht. (Hier ist mit „Bild“ zweifellos eines aus Holz, Stein oder anderen Materialien gemeint, das man anbeten könnte. Die Götterbilder der Heiden werden als „Götzen“ bezeichnet. Ein Bild, das wir uns von Gott in unserem Kopf machen, ist gar nicht vermeidbar.)

Eine Kuriosität finde ich die biblische Aussage, dass Gott den Menschen nach seinem Bilde schuf. Soll das das Selbstbewusstsein des Menschen in der Welt aufbessern, dass er auch etwas Göttliches darstellt? Soll das ein Appell an seine Verpflichtung gegenüber seinen Mitgeschöpfen sein? Möglicherweise! Solche Ebenbildlichkeit ist schwer vorstellbar. Ich habe mir da im wahrsten Sinne ein Bild vorgestellt. Nehmen wir an, es gäbe zweidimensionale Wesen, (nur Länge und Breite) die sich die dritte Dimension gar nicht vorstellen könnten. Für diese wäre ein dreidimensionales Wesen wie wir übernatürlich, göttlich. Wenn wir die Fotografie eines Menschen betrachten, so haben wir ein zweidimensionales Bild, bestehend aus schwarzen Silberpartikeln auf hellem Untergrund, das eine dreidimensionale Person zweidimensional abbildet. Jeder

Eingeweihte erkennt auf dem Bild die Person, obwohl es sich nur um Papier und Silberpartikel handelt, also völlig andere Substanzen als die Originalperson. Aber Bild und Original haben dennoch etwas miteinander zu tun. Vielleicht macht dieses Beispiel das Verhältnis deutlich, was es bedeuten kann: „Nach seinem Bilde schuf er ihn!" (Übrigens verwende ich Bilder von Gott nicht zum Anbeten sondern um die Vorstellung zu vereinfachen)

1.1.3 Mitmenschlichkeit statt Gott?

Für mich ist **Gott verkörpert durch Liebe und Zuneigung meiner Mitmenschen** (weitgehend unabhängig davon, was sie religiös glauben, sondern wie sie sich als Menschen benehmen, ob sie auch in jeder Situation menschlich bleiben, ob sie Liebe und Zuneigung ausstrahlen.)

Warum so menschenbezogen? Ist das nicht schon Atheismus?

Nein, ich leugne nicht, dass da eine Kraft außerhalb meiner Denkmöglichkeit existiert, die ich „Gott“ nennen kann.

Gott ist für mich die Kraft, die will, dass es mich gibt und ich ein sinnvolles Leben führe.

Aber über diese Kraft wird mir viel zu viel spekuliert (schon in der Bibel selbst) und möglicherweise dieses dann als ewige Wahrheit verkauft. (Dogmen =Unumstößliche Glaubenssätze gibt es nicht nur in der katholischen Kirche.) Die Autoren wissen mir oft zu gut, wie Gott denkt und was er will! Er wird damit vermenschlicht.

Nur ein kleines Beispiel: Wenn in der Bibel Gott z.B. zu Moses spricht: „Ich will das Herz des Pharao verhärten, dass ich meiner Zeichen und Wunder viel tue in Ägyptenland!" dann werden hier Gott Worte in den Mund gelegt, die eine zu große Vermenschlichung Gottes bedeuten. Ist dieser Gott so klein, dass er dem Pharao die Vernunft rauben muss, damit die Berechtigung der Israeliten zum Auszug besser begründet wird, und Gottes Überlegenheit augenscheinlich gemacht wird? Wenn wir diesen Text wörtlich nehmen wollen, wird Gott zu einem kleinlichen, oft übellaunigen Spießer. Der von Menschen erahnten Größe dieser Kraft werden solche Formulierungen nicht gerecht.

Mit Gott als Person habe ich zwar Probleme, ich kann mir aber diesen Gott als liebenden Vater vorstellen, der will, dass es mir (und natürlich allen meinen Mitmenschen) gut geht. In meinem täglichen Leben kommt aber die Liebe und Zuwendung durch meinen Nächsten ehr vor. Damit kann ich besser umgehen und arbeiten.

1.1.4. Bibel= Gottes Wort?

Ich muss mir schon die Mühe machen, herauszufinden und herauszuhören (wobei ich mir von den Fachleuten natürlich helfen lasse), was eine Bibelstelle in ihrem historischen Zusammenhang ausdrücken soll. Dementsprechend ist für mich die Bibel eine Sammlung von Berichten darüber, welche Erfahrung Leute damals mit Gott gemacht zu haben glauben. Erstaunlich, was sie bei richtiger Betrachtung und Interpretation uns heute noch zu sagen haben.

An eine Verbalinspiration *(Wort für Wort sei der Text den Propheten und Evangelisten in die Feder diktiert worden)* glaube ich nicht. An Verbalinspiration glaubt man, wenn man Angst hat, dass durch zu freie Interpretation der Wert der Aussage beschädigt würde. Die Fehler und Fälschungen, die sich zweifelsfrei in die Bibeltexte eingeschlichen haben, sind für mich nicht interessant und mindern nicht den Wert als „Gottes Wort". Bei einem Chorgesang kann jeder mal einen falschen Ton singen, und dennoch kann man die Melodie heraushören. Wenn da also steht, dass bei der Landnahme der Juden Gott den Befehl gab, alle -Männer, Frauen und Kinder- zu töten, so ist das für mich militärisches Kalkül der Heerführer –grausam aber damals nicht unüblich. Aber es Gott in die Schuhe zu schieben, finde ich nicht in Ordnung.
Eine Bibelstelle darf nicht dem Gesamttenor widersprechen.
Wer naturwissenschaftliche Erkenntnisse wie den Darwinismus für unvereinbar mit den Aussagen der Bibel hält und die Bibel als verbal inspiriert und nicht als eine „Sammlung von Predigten von Leuten damals für Leute damals" auffassen kann, kann m.E. den Symbolcharakter der meisten Aussagen nicht verstehen und damit die eigentlichen Kostbarkeiten der Bibel nicht wirklich erfassen. Naturwissenschaft und religiö-

se Aussagen sind für mich nicht Widersprüche, sondern sie bearbeiten unterschiedliche Ebenen unseres Lebens. („Wohl“ und „Heil). Die Bibel deutet die Welt, sie erklärt sie nicht. Das macht die Wissenschaft.

1.1.5. Gott = eine Person, aber…

Anders als viele Mitchristen habe ich ein Problem damit, Gott als eine Person zu begreifen, (s.o.), vor allem, weil die Vorstellung einer Person zu schnell zur Karikatur missrät (der alte Mann mit dem Bart).

Und es wird uns in der Kunst ja auch leicht gemacht, ihn sich als alten Mann vorzustellen (z.B. Sixtinische Kapelle),

Deshalb fällt mir ein Reden von dem Menschen Jesus Christus leichter als ein Reden von Gott. Nicht umsonst gibt es ein Verbot, sich von Gott ein Bild zu machen. Es ist für mich ein genialer Gedanke, außer dem erhabenen, über allem stehenden Herrscher und Schöpfer der Welt sich Gott als einen liebevollen, mitfühlenden, annehmenden, aber handfesten Menschen vorzustellen, von dem man annehmen kann, dass er uns mit allen unseren Ecken und Kanten verstehen kann und annimmt. Eigentlich ein tolles Angebot!

In meiner Jugend und bis hinein in den heutigen Gottesdienst wurden vorwiegend Gebete zum „Vater im Himmel, Lieber Gott“ beigebracht, weshalb mir im Widerspruch zu dem eben gesagten bei Gebeten die Ansprache „Gott“ leichter fällt (reine Gewohnheit). Wenn ich Gott als Nächstenliebe auffasse, wieso denn dann überhaupt Beten? Da hat mir mein Freund, Pfarrer Michael Wagner weitergeholfen, indem er sagte: „Gebet ist für mich ein Selbstgespräch mit Gott.“ Über dieses Paradoxon muss man mal nachdenken.

Ich kann zwar mit Gott als „Nächstenliebe“ im täglichen Leben am besten umgehen, trotzdem behaupte ich nicht, dass das alles ist. Ich leugne nicht das Vaterbild Gottes, besonders wenn es um mich selber geht. Mein Freund, Pfarrer Marc Pokoj, hat dazu geäußert, was ich akzeptiere:

„Die Vorstellung von Gott als Person ist deswegen wichtig, damit ich auch jemanden habe, den ich im Gebet ansprechen kann. Reine Wirkungen, wie Gefühle und Kräfte, kann ich nicht ansprechen."

Die Lehre von der Dreieinigkeit Gottes (formuliert und durchgesetzt im 4. Jahrhundert) war für mich früher recht problematisch. Erst ein Wort von Pf. Pokoj überzeugte mich: „Das bringt für mich die Lehre von der Trinität so einzigartig und unüberbietbar zur Sprache, dass Gott Person, Mensch UND Wirkung (Hl.Geist) gleichzeitig ist, also Ansprechpartner und Wirkung auf den Menschen ist."

Von Gott wird gesagt, dass er allmächtig und gleichzeitig gütig ist. Das passt angesichts von Naturkatastrophen und menschengemachten Katastrophen (Auschwitz ist nur die Spitze des Eisberges) in meinem Denken, in meinem Gehirn nicht zusammen. Da bin ich nicht der Einzige. Theodizee= Rechtfertigung Gottes, ein Problem seit der Aufklärung.

1.1.6. Der freie Wille und die Sünde

Die Lösung der katholischen, aber teilweise auch der protestantischen Lehre: Der Mensch mit seinem freien Willen ist schuld, und damit ist Gott entlastet, denn dann kann er gleichzeitig gütig und allmächtig sein. Der Mensch kann sich ja für Gut und Böse entscheiden.

Das halte ich für falsch, denn den freien Willen des Menschen halte nicht nur ich für eine Illusion. Der freie Wille ist für mich auch unlogisch. Wer wird denn so dumm sein, sich für das Böse zu entscheiden und damit den Zorn und die Strafe Gottes auf sich ziehen? So dumm kann doch keiner sein. Da muss etwas anderes dahinter stecken. Natürlich kann man behaupten: viele böse Taten geschehen aus Egoismus oder Schwäche. Man braucht doch eigentlich nur seine egoistischen Triebe zu unterdrücken bzw. sich „am Riemen reißen", und schon ist man gut und nicht böse!

Aber so einfach ist das nicht! Das zeigt am besten das großartige Gedicht von Willfried SCHMICKLER über die Gier, der wir das ewige Wirtschaftswachstum, das unaufhaltsam unsere Erde kaputt macht, zu verdanken haben:

Was ist das für ein Tier, die Gier?

Es frisst an mir, es frisst an dir!

Will mehr und mehr und frisst uns leer.

Wo kommt es her, das Tier?

Und wer erschuf sie nur, die Kreatur?

Das finstere Höllenloch,

Aus der die Teufelsbestie kroch,

Sie wird allein dadurch vermehrt,

Indem sie mich und dich verzehrt!
Und dann fängt dieses Elend an,
Dass man genug nicht kriegen kann!
Und dass dann plötzlich man vergisst,
Dass man doch längst gesättigt ist.
Und weiter frisst und frisst und frisst.
Und trifft dann so ein Nimmersatt
Auf wen, der hat, was er nicht hat,
Und gar nicht braucht, dann will er´s auch.
Wie, das soll´s schon gewesen sein?
Nein, einer geht bestimmt noch rein.
Da ist doch wer, der frisst
Tatsächlich noch viel mehr!
Und plötzlich sind sie dann zu zweit:
Die Gier und ihre Brut, der Neid.
Ach, das bringt mich noch ins Grab,
Dass der was hat, was ich nicht hab!
Dass der wo ist, wo ich nicht bin.
Das will ich auch, da muss ich hin!
Warum denn der, warum nicht ich.
Was der begehrt, will ich für mich!
Der lebt in Saus, und auch in Braus,
Mit Frau und Geld und Hund und Haus!
Der hängt den coolen Großkotz raus.

Wahrscheinlich alles auf Kredit,
Und unsereiner kommt nicht mit.
Der protzt und prahlt und strotzt und strahlt.
Wie der schon geht, wie der schon steht,
Wie der sich um sich selber dreht!
Wie der schon aus dem Auto steigt
und aller Welt den Hintern zeigt!
Blasierte Sau. Und seine Frau
Ist ganz genau so arrogant und degoutant.
Und diese Blagen, die es wagen,
Die Nasen auch so hoch zu tragen!
Da hört er auf, der Spaß.
So kommt zu Neid und Gier der Hass.
Und sind die erst einmal zu dritt,
Fehlt nur noch ein ganz kleiner Schritt,
Bis dass der Mensch komplett verroht
Und schlägt den anderen dann tot.
Und wenn ihr fragt, wer hat ihn denn so weit gebracht?
Das hat allein die Gier gemacht.

Dieses Gedicht zeigt für mich ganz deutlich, dass der Wille des Menschen nicht frei ist. Der Verstand sagt uns eindeutig, was gut und was böse ist (Verhalten, das schlimm oder gut ist für uns, den Nächsten, die Umwelt usw.) Aber der Mensch tut es nicht. Er benimmt sich böse, obwohl er es besser weiß (wirklich aus freiem Willen?) Zum freien Willen kommt noch die Kunstfigur des Teufels, der uns zum Bösen verführt. Wie die

Sache mit der Gier deutlich zeigt, ist der Teufel für mich das Böse in unserem Inneren nach außen projiziert. Mit dem Teufel, dem „Leibhaftigen", wird in frommen Gegenden auch heute noch Menschen Angst gemacht. Und dabei sollten wir alles tun, um den Menschen ihre Ängste zu nehmen. Die Angst (vor der Sinnlosigkeit des Lebens) ist das, was uns böse macht. Sie muss beruhigt werden. Das ist, kurz gesagt, die Aufgabe der Religion der Nächstenliebe. Wenn jemand von Hass und Gier „zerfressen" ist, dann liegt das nicht an den Genen oder weil derjenige voll Hass und Gier sein will, sondern er hat in seinem Leben zu wenig Liebe und Zuwendung bekommen und will sich nun „schadlos" halten bzw. sich an der Welt rächen. Diese Erkenntnis ist inzwischen Allgemeinwissen der Psychologie.

Seit Augustin (4./5. Jh.) spricht man von der Erbsünde, die als schlimmes Erbe der ersten Sünde gegen Gott durch Adam und Eva die Menschen immer zum Sündigen zwingt. Sie wurde zum Dogma erhoben und ich halte sie für sehr problematisch. Viele Theologen sagen, dass Sünden nicht vererbt werden können.

Drewermann (sinngemäß): Das Dogma von der «Erbsünde» des Menschen sollte der Anlass sein, den Menschen tiefer zu verstehen. Die simple Grundannahme, Menschen handelten in Freiheit und bestimmen darüber, ob sie sündigen oder nicht, reicht nicht, angesichts einer buchstäblich gnadenlosen Welt. Warum finden wir uns in gerade einer solchen Welt der Ungnade vor? Und wie, wenn es tatsächlich so ist, gelangen wir aus dem Gefängnis unserer selbst heraus? Diese Fragen werden bei Drewermanns Sündenverständnis besprochen.

1.1.6.1 Angst vor der Sinnlosigkeit

DREWERMANN hierzu: Solange **Menschen Angst haben, sind sie außerstande, gut zu sein.** In Angst wird man entweder in den Kampf gehen, um sich zu wehren - aus Angst wird Aggression- oder Flucht: Rückzug bis zum Selbstverlust, sich hineinducken in die Massenpsyche, nur nicht auffallen, mitmachen bei allem, was geschieht, bis zum Verlust der eigenen Persönlichkeit. Menschen in Angst können nicht gut sein. Sie können sehr viel Gutes meinen. Sie können objektiv auch viel Richtiges tun. Es ist aber nicht möglich, dass es wirklich gut wird, weil sie selbst mit sich zerfallen sind. Wie nimmt man sie bei der Hand, dass sie bei sich selber ankommen? Nur so viel, wie Menschen an Güte selbst erfahren haben, können sie selbst gut sein und anderen Güte schenken.

KIERKEGAARD sagte schon um 1850: Darum predigen die Pfaffen die Kirchen leer, weil sie nicht wissen, was Angst ist und was Verzweiflung ist. Was Menschen brauchen, ist eine Güte, die sie nicht verurteilt.

Der Mensch ist ein Produkt der Erziehung und der Erfahrungen, die er mit seiner Umwelt gemacht hat. Und je mehr er in seinem Leben nicht angenommen wurde, Frust und Zurücksetzung erlebt hat, desto hilfloser ist er der Angst, dem Neid, der Gier und dadurch dem Hass ausgesetzt. (Kain- und Abelmythos)

Natürlich kann man sich bis zu bestimmtem Grad zusammenreißen, um nicht unangenehm aufzufallen. Aber selbst wenn das gelingt, wird man die Angst nicht verlieren, und man wird zum Heuchler und Lügner, wenn man nicht das Glück hat, Menschen zu finden, die einem mit geduldiger Zuwendung begreiflich machen, wie hohl eine Welt von Neid und Gier ist.

Das kann vielleicht ein guter Seelsorger schaffen. Aber wer es auch vermittelt, er braucht als Grundgedanken Jesu vorbehaltlose Annahme und Liebe. Mit dem eigenen Willen ist das nicht zu schaffen.

Kain und Abel bei DREWERMANN: Da bringt ein Mann Gott das Beste, das er hervorgebracht hat zum Opfer dar.

Er engagiert alles, was er kann, um sich endlich wieder vor Gott blicken lassen zu können. Und diese Angst im Herzen der Freiheit, dieses übergroße Bemühen, womöglich gegen sich selber, um dafür Wertschätzung und Akzeptation zu gewinnen, das treibt in eine Konkurrenz hinein, die am Ende mörderisch wird. Dann wird mein Bruder, meine Schwester, grad weil sie mir so ähnlich sind, durch die Fähigkeiten, die man loben müsste, zur Gefahr und Herausforderung. Das erlebt man in jeder Schulklasse, in jedem Bundestag, und es spielt sich immer wieder Kain und Abel ab auf dem Hintergrund der

Angst. Sie zu beruhigen ist nur möglich durch den Glauben an ein Gegenüber, das uns trägt und das selber Person ist. Und das wir am tiefsten erfahren durch die Menschen, die uns akzeptieren. Jesus würde heute sicher sagen: Bei der Angst geht es nicht nur um die Schuld (die wir auf uns laden), sondern wie lebt man mit der Angst vor der Nichtigkeit, der Sinnlosigkeit?

Auch Märchen können die Urangst des Menschen bekämpfen. (Wenn man als Kind oft genug die „böse Hexe" verbrannt oder den „bösen Wolf" getötet hat, hat man zweifellos etwas für sein Grundvertrauen getan.)

In seiner Märcheninterpretation sagt DREWERMANN:

Ist ein Verbrechen, das ein Mensch begeht aus freiem Willen getan? Sind Menschen, die ein Verbrechen begehen, wirklich frei? Je schlimmer das ist, was Menschen tun, desto sicherer ist der Zwang, der sie dazu treibt!

Einwand: „Aber meine Nachbarin ist gemein, gehässig, hinterhältig, nachtragend, verlogen, neidisch…" Was wissen wir über die Nachbarin? Wieviel an enttäuschten Idealen gehört dazu, aus Wein Essig zu machen? Wieviel an Verbitterung, bis dass der gute Wille umkippt und zu Rache- und Revanchegelüsten wird? Wieviel Einsamkeit es braucht, bis man alle Menschen als Feinde betrachtet?

Dass man andere anfängt zu hassen?

(krasse Beispiele: Neonazis, Amokläufer)

Ein vielleicht banales Beispiel einer eher guten Entwicklung aus meiner Jugendzeit soll das verdeutlichen. Ich habe in der Studentenzeit oft meine Mutter in Erfurt besucht, die inzwischen ein akzeptables Bad hatte. Wenn ich spät ankam, wurde gebadet. An den Wasserlaufgeräuschen ärgerte sich die darunter wohnende Mieterin. Meine Mutter begehrte auf: „Natürlich darf mein Sohn baden, wenn er spät abends zu mir kommt!"

Es begann zu eskalieren. Meine Mutter wollte „meine Rechte“ verteidigen. Mir war das Baden keinen Nachbarkeitsstreit wert. Ich animierte sie, die Nachbarin aufzusuchen und mit ihr zu sprechen. Nicht nur, dass diese sie verstand und sagte: „Natürlich darf Ihr Sohn auch spät, wenn er kommt baden, nein es wurde eine richtige Freundschaft daraus. Warum kann man mit ein bisschen gutem Willen nicht jedes zwischenmenschliche Problem auf solche Weise lösen? Weil es oft schwer fällt, von sich weg zu schauen und sich in den Nächsten zu versetzen.

Minderwertigkeitskomplexe werden entwickelt, weil man andere immer als Begünstigte empfindet (Kain und Abel).

DREWERMANN: Und wodurch kommt das? **Wenn Religion auf die Ethik reduziert wird**. (Was musst du tun?)

Jeder braucht einen Raum der Gnade. Nicht: Was hast du getan? Sondern: wie bist du dorthin gekommen? Was ist in dir vorgegangen, dass es dazu kommen konnte?

Das Problem ist nicht, dass sie es nicht wollen, sondern, dass sie es nicht können.

Wenn Eltern, Erzieher oder Seelsorger sagen: „Wir haben dich lieb, aber nur, wenn du so bist, wie wir dich haben wollen“, ist das tödlich. Hier wird Religion auf die Ethik reduziert und der „Zögling“ in das Korsett des Erziehenden gesteckt. (Wer darf ich sein?)

LUTHER: Alle Gesetze können dir sagen, was du tun sollst. Sie geben dir aber nicht die Kraft dazu. (Man bedenke, dass das vor 500 Jahren gesagt wurde!)

Das krasseste Beispiel für den Irrweg der lieblosen Ethik ist die Französische Revolution. Statt Gott herrschte das Gesetz. Welche Blutorgien aus der rigorosen Anwendung der Gesetze erwuchsen, weiß jedes Schulkind. Aus Gnade wird Verurteilung, aus dem Himmel wird die Guillotine.

1.1.6.2 Gott allmächtig UND gütig?

Zurück zum Widerspruch zwischen Allmacht und Güte Gottes. Diesen kann ich nicht auflösen, und auch den Theologen ist es m.E. nicht gelungen. Also fasse ich sie dialektisch auf.

Sie haben ja auch nur Bedeutung, wenn ich die Existenz Gottes als vermenschlichte Person auffasse. Wenn wir akzeptieren, dass unser Gehirn Grenzen des Vorstellungsvermögens hat, tun wir uns mit dem scheinbaren Widerspruch leichter. Wir können uns ja nicht einmal den gekrümmten Raum oder das Raum-Zeit-Kontinuum vorstellen. Oder? Wieviel grotesker ist der Gedanke, dass das ganze Universum mit Milliarden Galaxien nur für unsere lächerliche Erde mit dem bisschen Menschheit geschaffen worden sein soll! Wie verrückt ist dieser Gedanke? Unser Gehirn ist nicht geeignet, die objektive Realität zu erfassen. Es ist ein Organ, das das Überleben in gefährlicher Umwelt garantieren soll. Wir können uns mit der objektiven Realität mithilfe von technischen Apparaten annähern, aber sie selbst nie ganz erkennen. (man bedenke, wie unterschiedlich die verschiedenen Frequenzen der elektromagnetischen Wellen auf unsern Körper wirken! Radiowellen, Infrarot, sichtbares Licht, UV, Röntgenstrahlen usw. Alles elektromagnetische Wellen, aber unterschiedlichste Wirkung, je nach Wellenlänge. Wieviel von objektiver Realität können wir ohne Apparate und Geräte wahrnehmen?) Sein wir mit unserem Verstand mal ein bisschen bescheiden! Unser Gehirn kann nicht mehr begreifen und bewusst machen, als unsere „Software" zulässt. (Ich weiß, dass der Vergleich Gehirn-Computer hinkt. Ich möchte nur vor der Hybris der unbegrenzten Erkenntnismöglichkeiten warnen, die uns die DDR-Ideologen einreden wollten.)

Luther sagt, dass wir auf religiösem Gebiet keinen freien Willen haben. Voltaire bestreitet ihn vollständig. Die Psychologen sind sich bis heute nicht einig (FERDINAND V. SCHIRACH). Aber zumindest in tragischen Situationen, im Raum der Angst, des Urmisstrauens, des nicht geliebt Seins, ist vom freien Willen nicht viel übrig.

Ganz ohne freien Willen kommen wir zwar auch nicht aus, denn sonst wäre die Justiz überflüssig und alle „Kriminellen" müssten in die Psychiatrie, weil sie für ihre Untaten ja nichts könnten. Wenn bei einer Missetat auch lieber gefragt werden sollte: „Wie kam derjenige dazu?" und nicht: „Wie ist er zu bestrafen?" so sollten die Opfer nicht vergessen werden und die andern Menschen vor dem Täter geschützt werden.

1.1.7. Wissenschaft kontra Religion?

Wissenschaft hat mit der Frage, ob Gott existiert oder nicht, in Wirklichkeit überhaupt nichts zu tun.

Sie liefert eine Beschreibung der Gesetze, wie sich die belebte Welt entwickelt hat. Das ist alles. Zur entscheidenden Frage, warum überhaupt etwas existiert und nicht vielmehr nichts, hat sie nichts zu sagen. Auch kann man mit der Evolutionstheorie nicht die Frage beantworten, warum überhaupt Ordnung in der Welt existiert und nicht das thermodynamisch Wahrscheinlichste – nämlich Chaos. (LÜTZ)

Die „Schöpfung" ist für mich mit dem Urknall und der Evolution, die darauf folgt, gleichzusetzen; beide sind nur unterschiedliche Betrachtungsweisen. In der Zeit des Verfassers der Bibel war der Schöpfungsbericht auch ein Erklärungsmodell, genau wie heute der Urknall. Aber der Mehrwert der bibl. Schöpfungserzählung ist, dass sie MICH als Menschen angeht, wogegen der Urknall für meine Existenz keine Bedeutung hat. Das ist der Unterschied. (Pf. M. POKOJ)

Wissenschaftler betreiben nur dann seriöse Wissenschaft, wenn, sie nicht behaupten, Wahrheiten erkennen zu können, sondern bloß stets falsifizierbare Wahrscheinlichkeiten. Sie befassen sich gewöhnlich ihr ganzes Leben lang intensiv mit einem sehr kleinen Teilbereich der Welt. Das ist ja das Problem, dass die Fülle unseres Wissens nicht mehr als Ganzes gesehen werden kann. Für jeden ist da Bescheidenheit gut angebracht. Ganz offensichtlich sind sie für die große Frage nach dem Sinn des Ganzen nicht kompetenter als andere Menschen, die geboren werden, eine Weile leben und dann irgendwann sterben. Diese alles entscheidende Frage betrifft nämlich alle Menschen, und um sie wirklich kompetent zu beantworten, ist Lebensweisheit wichtiger als alle akademischen Abschlüsse.

Wer anhand der Erkenntnisse der (Natur)wissenschaft die eigene Erkenntnisfähigkeit so überschätzt, dass er meint, der Sinn unseres Daseins („Was die Welt im Innersten zusammenhält") könne durch die Wissenschaft wirklich erfasst werden, indem man bis in die letzten und kleinsten Bausteine vordringt, verhält sich wie ein Kunstexperte, der behauptet, durch das Aufzählen der verschiedenen verwendeten Ölfarben könne man den Reiz von da Vincis Mona Lisa erklären. („Dann habt ihr die Teile in der Hand, fehlt leider nur das geistige Band", Goethe). Zu behaupten, man könne beweisen, dass „es keinen Gott gibt", ist für mich mindestens unverschämt, wenn nicht größenwahnsinnig. (Hier meine ich nicht R. Dawkins, der eine Existenz eines Gottes, so wie er meint, dass alle irgendwie Gläubigen ihn sich vorstellen, für unwahrscheinlich hält. Allerdings hält er Religion für eine Fehlfunktion des Gehirns, etwa so, wie Motten, die ins Licht fliegen).

Für mich gehört die Erkenntnis der eigenen Grenzen der Leistungsfähigkeit unseres Gehirns zur normalen Bescheidenheit. (s.o.)

Gott als Schöpfer, die ganze Auseinandersetzung über Quantenmechanik und Urknall, alles schön und gut. Ob man den Urknall mit dem Schöpfungsakt gleichsetzen kann, ob die Quantenmechanik beweist, dass die Naturgesetze doch nicht so deterministisch sind und durch die Unschärferelation ein direktes Einwirken Gottes denkbar wird, ohne die Naturgesetze außer Kraft zu setzen, all das halte ich auch für Spekulation. **Es bringt mich nicht weiter in dem, was Gott für mich bedeutet.**

Ansonsten drückt der Schöpfungsbericht der Bibel das Staunen der Menschen über die „Wunder" der Natur aus, und das geht uns ja noch heute so. Wenn ich Einzelheiten über den Ablauf der Schöpfung (=Evolution) wissen will, schaue ich bei der Wissenschaft nach und nicht in der Bibel. In der Bibel geht es um Sinnfindung, unser Verhältnis zum „Ursprung unseres Seins", das Zusammenleben von Menschen und die Richtung, die unser Leben nehmen sollte.

Daraus folgt: Ich sehe keinen Widerspruch zwischen dem Schöpfungsbericht und der Evolutionstheorie bzw. zwischen dem was ich als christlichen Glauben verstehe und der Wissenschaft.

Wenn ich sage: „Gott hat die Welt geschaffen!" (Gott als Schöpfer) ist das für mich ein Symbol für unsere Verantwortung gegenüber der uns anvertrauten Welt, und dass wir sie nicht ausplündern dürfen. Die Menschen mit ihrem überragenden Geist müssten wissen, wie man die Erde mit ihren Ressourcen, Bodenschätzen, Pflanzen, Tieren nutzt. Stattdessen benimmt sich der Mensch wie ein Bankräuber, der alles kaputt macht. Der Klimawandel wird früher oder zu spät die Menschen aufwachen lassen.

Aus dem Gesagten folgt: Der immer wieder behauptete Widerspruch der naturwissenschaftlichen Erkenntnisse und der Aussagen der Bibel im Schöpfungsbericht ist für mich gegenstandslos.

Ein amerikanischer Naturwissenschaftler wurde einmal gefragt, ob er an Gott glaube. Er antwortete: „Natürlich nicht, ich bin ja Wissenschaftler!“ Damit stempelt er alle Christen zu Ignoranten. Nicht sehr nett! Und auch falsch. Es gibt genug Wissenschaftler, die einen festen religiösen Glauben mit ihrer Wissenschaft verbinden können.

1.1.8 Ökumene und Abgrenzung

Was Darwin und andere an Anfeindungen durch fanatische Wörtlichnehmer der Bibel aushalten mussten, gehört nun wirklich in die Mottenkiste der Vergangenheit. Und zu DDR-Zeiten dachte ich es da auch gut aufgehoben.

Inzwischen weiß ich, dass es auch heute noch eine Reihe von Christen gibt, die die Bibel wörtlich nehmen und in Angst geraten, wenn man sie analysiert und Widersprüche nachweist. Mit pseudowissenschaftlicher Argumentation wollen sie beweisen, dass es keine Evolution gibt, und dass Gott alles auf einmal vor ca. 7000 Jahren geschaffen hat: Die Kreationisten, europäisch und nordamerikanisch-evangelikal, (jeder 5. US-Bürger) sind da die Wichtigsten, aber auch viele Sekten (z. B. Zeugen Jehovas, sog. religiöse Sondergemeinschaften). Ich lege keinen Wert darauf, mit diesen verwechselt zu werden, bzw. in einem Satz genannt zu werden.

Ich habe als Kind und Jugendlicher in der sozialistischen Schule erlebt, dass alles Religiöse möglichst totgeschwiegen wurde oder mit Hilfe einer angeblich wissenschaftlichen Weltanschauung widerlegt oder lächerlich gemacht wurde, was die garantierte Religionsfreiheit zur Farce machte. Heute darf bei uns zwar jeder glauben was er will, und wenn es noch so wildphantastisch ist. Das aber führt zu einem religiösen Wildwuchs, den wir in einer Demokratie mit Meinungsfreiheit aushalten müssen.

Die evangelikalen Fundamentalisten in den USA und andere glauben, dass die Bibel wörtlich von Gott den Propheten, Evangelisten usw. diktiert wurde. Durch ihre strikte Ablehnung der Evolution werden die Naturwissenschaftler pauschal als gottlose Trottel diffamiert. Mehrere noch lebende Präsidenten der USA sind an Bigotterie und Heuchelei kaum zu überbieten, indem sie ihre Angriffskriege für Macht und Öl zu Kreuzzügen gegen Islamisten erklären, wodurch der IS, die Taliban u.a. Terroristen erst hervorgerufen und ständig vermehrt werden. Die Coronapandemie und andere Katastrophen werden im modernsten Land der Welt von den leitenden Geistlichen als „Strafe Gottes" deklariert. (Pikanter Weise wählen sie fast geschlossen den gottlosesten, würdelosesten und lügnerischsten Anwärter zum Präsidenten), was für mich unbegreiflich bleibt, wo doch ihre wichtigste Richtschnur die 10 Gebote sind.

Das 6. und 8. Gebot (verbale Sex-und Lügenorgien) sind ihnen offenbar gleichgültig, wenn sie dadurch Zugeständnisse bei Abtreibung und Homosexualität bekommen. In ihrer Ignoranz und Starrheit fügen die Fundamentalisten dem Ansehen der christlichen Religion schweren Schaden zu. Andererseits versuchen heute Autoren wie RICHARD DAWKINS („Der Gotteswahn"), die Religion als Ganzes zu bekämpfen. Sie stecken alles, was nach Religion aussieht, in eine Schublade und verallgemeinern undifferenziert alle Missstände, die es zugegebener Weise und bekannter Maßen gibt und gab. Sie schlagen pseudowissenschaftlich darauf los. Da wird mit Halbwahrheiten und eindeutigen Verleumdungen nicht gegeizt. (Alle religiös eingestellten Menschen (5,8 Milliarden) werden mit Massenmörder Bin Laden auf eine Stufe gestellt, was Aggressivität und Geisteshaltung angeht). Der Hauptdenkfehler besteht darin, dass man religiöse Überzeugungen und Sinnfragen durch die Naturwissenschaft meint beweisen bzw. widerlegen zu können. Dagegen kann jeder in der Wissenschaft Bewanderte sagen, dass dieses in keiner Weise geht. Man wird verstehen, dass ich nicht mit Fundamentalisten, religiös wie atheistisch, in einen Sack gesteckt werden will.
Spätestens seit dem 2. Vatikanischen Konzil vor ca. 60 Jahren gibt es große Bemühungen zur Aussöhnung der beiden großen Konfessionen und auch der Freikirchen. An der Basis klapp-

te die Zusammenarbeit von Anfang an recht gut. Die oberen Kirchenleitungen tun sich da deutlich schwerer. Erfolge stellen sich da nur sehr zögerlich ein. Vielleicht liegt es daran, dass es so schwer fällt, sich von überkommenen Dogmen zu lösen, die man längst bedauert, die man aber nicht so einfach wieder loswird!

Bei der katholischen Kirchenlehre hat es bis in die 2. Hälfte des 20. Jahrhunderts gedauert, bis man zugestand, dass der Darwinismus und der Glaube an Gott – wie auch immer – keine Widersprüche sein müssen. Galileo Galilei fand heraus und verteidigte die Erkenntnis von Kopernikus, dass die Sonne und nicht die Erde im Mittelpunkt steht. Dafür wäre er beinahe ca.1600 verbrannt worden. Erst ca.im Jahre 2000 wurde er vom Vatikan rehabilitiert!

Das soll als kleiner Ausflug in unsere ökumenische Situation genügen.

1.1.9. Aber wie kann ich denn mit Gott umgehen, wenn er so unfassbar und nebulös ist?

Die Erscheinungsform Gottes als Liebe (Nächstenliebe, Mitmenschlichkeit) ist für mich am greifbarsten. Damit kann ich leben und arbeiten. Das kommt in meinem Leben vor. (s.o.)

Außerdem muss ich mir von Atheisten und andere Kritiker nicht vorwerfen lassen, an Hirngespinste bzw. eine Wunschprojektion zu glauben. Dabei geht es mir nicht darum, dass ich Angst vor Spott oder Auseinandersetzung habe, sondern ich finde es nicht schlecht, wenn man sinnlose Reibungsverluste vermeidet. Man kann doch ganz anders mit einer kritischen Stimme umgehen, wenn man nicht für einen Spinner und Phantasten gehalten wird.

Stichwort: Gott hat keine anderen Hände als unsere Hände.

Das heißt, was wir nicht (z.B. an Liebesdiensten für unsern Nächsten) tun, wird auch nicht auf irgendwie zauberische Weise von Gott getan. Zauberei hat in meiner Religion nichts zu suchen!

Manchmal kann man sogar mit einem Witz eine Sache verdeutlichen: Der Pfarrer ist in den Dorfteich gefallen und steht bis zum Bauch im Schlamm. Der Feuerwehrhauptmann kommt vorbei und sagt: „Herr Pfarrer, wir müssen sie schleunigst rausholen, sie sacken ab!“ Der Pfarrer antwortet: „Nein, mein Sohn, ich habe zum Herrn gebetet. Er wird mich erretten. Ihr braucht euch nicht zu kümmern!“ nach 15 Minuten schaut der Feuerwehrhauptmann doch noch einmal zum Pfarrer. Dem steht das Wasser jetzt bis zur Brust. „Jetzt wird es aber Zeit!“ „Nein mein Sohn, der Herr wird mich retten. Ich habe inbrünstig zu ihm gebetet!“ 10 Minuten später kommt der Feuerwehrhauptmann doch noch einmal zurück. Das Wasser steht dem Pfarrer am Kinn. Trotzdem lehnt er jede Hilfe ab: „Der

Herr wird mich retten!“ Er ertrinkt folgerichtig und erscheint vor Gott im Himmel. Er beklagt sich vehement: „Herr, ich habe so zu Dir gebetet, und Du hast mir nicht geholfen!“ „Waaas?“ sagt der Liebe Gott „Ich dir nicht geholfen? Was kann ich denn mehr tun, als dir drei Mal die Feuerwehr zu schicken?“

Aber wie ist nun Gott eigentlich?

M. LUTHER sagt: An was du dein Herz hängst, das ist dein Gott!

Drewermann: **Gott ist der Hintergrund des Vertrauens in unser Daseins.**

Und weiter oben wurde schon definiert: **Gott ist für mich die Kraft, die will, dass es mich gibt** *(natürlich auch meine Mitmenschen)* **und ich ein sinnvolles Leben führe.**

Wir wissen herzlich wenig von Gott. Was wir nutzen können, sind Erfahrungen, die Menschen mit Gott gemacht zu haben glauben. Es ist weitgehend das, was in der Bibel aufgeschrieben wurde. Das erklärt auch die unterschiedlichen Gottesbilder in der Bibel. Es ist immer der gleiche Gott, bin ich überzeugt. Aber die Bilder, die wir uns notgedrungen von ihm machen, sind unterschiedlich und entwickeln sich. Aus dem erst oft zürnenden, rachsüchtigen und nachtragenden, strengen Gott wird (unter Jeremia) ein gütiger, verzeihender, gnädiger Gott, bis hin zum Vater Jesu Christi.

Jesus Christus macht uns zu „Kindern Gottes“. Deshalb ist er für uns «Sohn Gottes». Das drückt eine ganz und gar persönliche Beziehung zwischen Gott und Mensch aus.

Dazu kommen noch die eigenen Erfahrungen und die unserer näheren und ferneren Umwelt, die wir im Lauf des Lebens machen. (Stichwort: Wer einen zu strengen und prügelnden Vater hat, wird kaum an einen gütigen Gott glauben können!)

Ob wir es wahrhaben wollen oder nicht, wir machen uns unser Gottesbild selbst, und jeder hat ein anderes. Damit es nicht zu unkontrollierbarem Wildwuchs kommt, gibt es die Fachleute (Theologen) und die Gemeinschaft. Das bedeutet für mich aber, dass nicht alle ein Einheitsbild von Gott haben müssen bzw. können, sich aber trotzdem als christliche Brüder empfinden können. Das ist für mich der Vorzug der evangelischen Konfession.

Die folgenden drei Punkte sind nicht isoliert, sondern miteinander verwoben zu betrachten, weshalb sich manches überschneiden wird.

1.2. Die Geborgenheit

Der erste Punkt ist für mich, dass die Religion mir Geborgenheit gibt. Damit kann ganz vordergründig das Aufgehoben Sein und das Heimatgefühl in einer Gemeinschaft gemeint sein, aber nicht nur.

(Gemeinschaftsgefühl kann man auch im Sportverein, bei der Feuerwehr oder im Kegelclub haben.)

Mir wird zugesagt, dass ich nicht ein Sandkorn am Strand bin oder ein Staubkorn im Weltall, sondern ein unverwechselbares Individuum. Egal, was jemals mit mir passiert, bin ich nie ganz verloren sondern fühle mich in einer größeren Einheit geborgen. Ich habe eine unveräußerliche Würde. Fromm könnte man es ausdrücken: Bei Gott und bei Jesus und in der christlichen Gemeinschaft fühle ich mich geborgen.

Da empfinde ich ein Stück Heimat.

Die Geborgenheit wird aber auch strapaziert und in Frage gestellt. Es gibt tragische Situationen, bei denen wir auf Geborgenheit hoffen bzw. angewiesen sind, z.B. wenn wir Schuld auf uns laden, wie auch immer wir uns entscheiden, oder wenn wir gut sein wollen, es aber nicht können oder zu schwach dafür sind. In jeglicher unausweichlichen, schlimmen Situation, bei der man mit Verurteilung durch die Umgebung oder mit Schaden an Leib und Seele rechnen muss, hoffe ich darauf, von der Liebe meiner Nächsten trotzdem getragen zu werden. Frau Kässmann hat es so ausgedrückt: Ich kann nicht tiefer fallen als in Gottes Hand. (in die Hand der Nächstenliebe?)

Weit bekannt ist das Wort der Bibel: Im Anfang war das Wort! (Es hat immerhin Goethe so sehr beeindruckt, dass er ihm im Faust eine ganze Passage widmete. Goethe kam allerdings von Wort über Sinn und Kraft auf die Tat. Interessant, dass Goethe als ein Meister des Wortes die Tat für entscheidender hielt!)

Warum aber wird so auf dem Wort bestanden?

Gott fand das Ergebnis der Schöpfung (=Evolution) sehr gut.

Vom menschlichen Standpunkt aus sind die Ansichten zum Mindesten gespalten: einerseits sind Pflanzen und Tiere bewundernswürdige Wunderwerke, von denen keines (nicht die unbedeutendste Küchenschabe) vom Menschen echt nachgebaut werden kann. Andererseits können wir das ewige grausame Prinzip des Fressens und gefressen Werdens und bei der Mechanik der Natur, das Widerspiel von Zufall und Notwendigkeit und diese sinnlosen, endlosen Quälereien nur schwer ertragen, und wir verdrängen sie lieber.

Die Natur bietet uns also keine Geborgenheit. Wir sind der Natur egal. Aber Gottes Wort, die Zusage, dass wir sein dürfen, dass wir für Gott nicht gleichgültig sondern wichtig sind, gibt uns Geborgenheit.

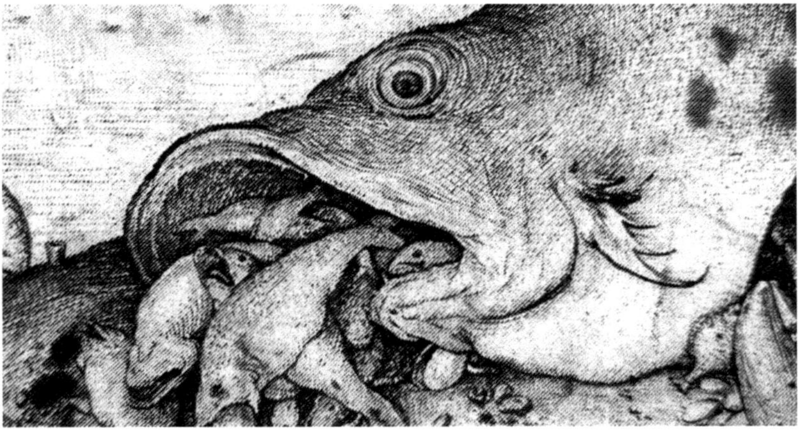

DREWERMANN hierzu:
Was heißt: Im Anfang war das Wort?

Schöpfung entdecken wir, wenn es in all dem eine hörbare

Stimme gibt, die uns meint in unserem kleinen, kurzlebigen, scheinbar zufälligen Dasein, eine Stimme, die uns möchte und will. Die uns anredet, damit wir sind; die selber personhaft ist, damit sie in uns die Personwerdung weckt. Menschen können nur Personen werden, **indem man mit ihnen redet**. Sie können nur ein Ich entwickeln, indem man zu ihnen selber redet. Diese Stimme absolut zu glauben, notfalls **gegen alle Natur, ganz sicher über alle Natur hinweg,** verbindet mit der Botschaft Jesu im Johannesevangelium zentral. Ihn (Jesus) nennt es das Wort, das zu uns kommt.

In der Nähe Jesu beginnen wir eine Liebe zu glauben, die wir in der ganzen Natur nicht entdecken würden. Daher beginnen wir über ihn an Gott zu glauben als eine väterliche Macht hinter allem. Hier die Liebe, da die Neubegründung unserer Existenz. Wir schauen als erstes auf Jesus, der uns das Vertrauen schenkt, es wäre im Hintergrund eine väterliche Macht der Annahme und Güte. Eine Kraft, die uns an die Hand nimmt und uns bewahrt vor all den Irritationen, die in den Abgründen der Welt schlummern. Ein kostbares Wort: (Joh.-Ev.) Wer mich sieht, sieht den Vater. In ihm sehen wir Gott als eine Güte, die uns will und meint.

Mein Kommentar: Ich frage mich, welche Stimme Drewermann hier meint. Es kann sich ja nur um die Stimme der Liebe unserer Mitmenschen handeln, als erstes die unserer Bezugsperson (Mutter, Vater). Nur diese kann uns das Grundvertrauen vermitteln, dass dann zum Vertrauen zu Jesus und letztlich zu Gott führen kann. Es ist nicht die Natur. Alles andere wäre ein Missverständnis. Dass die Stimme notwendig zur Personwerdung ist, finde ich unumgänglich. Das beweist das Experiment unter Kaiser Friedrich II ca. 1230. (Zum Leben ist menschlicher Kontakt unumgänglich)

Normaler Weise (mindestens, wenn wir zu wenig Zuwendung und Liebe in den ersten Lebensjahren bekommen haben, und unser Grundvertrauen dementsprechend angeschlagen ist), müsste ein Nachdenken über unsere Existenz zu dem Schluss führen: Uns muss es gar nicht geben. Unser Leben läuft, wenn wir Glück haben, einiger Maßen reibungslos ab. Irgendwann altern wir und sterben – unter möglichst würdigen Bedingungen. Unser Verstand kann uns keinen Lebenssinn liefern. Ich habe aber dennoch ein Bedürfnis nach Sinn und Geborgenheit. Und da hilft mir die oben gemachte Aussage: nur die Annahme und Zuwendung unserer Mitmenschen in Stellvertretung Gottes und Jesu kann uns das Gefühl für ein sinnvolles Leben geben, ein Grund, warum ich nicht Buddhist oder Muslim bin. Letzten Endes wird das aus der Bibel bzw. von der Lehre und dem Leben Jesu abgeleitet, erreicht uns aber nur von Mensch zu Mensch.

1.3. Das Grundvertrauen

Jeder Mensch bekommt als Kind von seiner Bezugsperson (meist von der Mutter) Annahme zugesprochen (s.o.), die im Normalfall zu einem Grundvertrauen führt. Das ist Grundlage aller Psychologie und wird m.E. von niemandem in Zweifel gezogen.

„Du darfst sein, du bist angenommen und geliebt ohne eigene Leistung. Du bist gewollt." Das wäre der Idealfall. Wenn alle Menschen ein ausreichendes Grundvertrauen hätten, gäbe es deutlich weniger zwischenmenschliche Konflikte und neurotische Fehlhaltungen. Mangelndes Grundvertrauen richtet für den Einzelnen und über diesen in der Gesellschaft alles Mögliche Schlimme an. Grundvertrauen führt zu Gelassenheit. Mangel daran führt zum verzweifelten Bemühen, die eigene Notwendigkeit zu beweisen, durch eigene Leistung und mit allen möglichen Auswirkungen.

Napoleon hätte keine Kriege führen müssen, wenn er nicht sein mangelndes Grundvertrauen, sein Ego, durch eigene Leistung hätte aufbessern müssen. Er wollte der Größte sein und ist es auch geworden, weshalb ihn die Franzosen noch heute verehren, hat aber damit nebenbei Hunderttausende sinnlos in den Tod geschickt. Für Alexander den Großen gilt Gleiches und für weitere tausende „Schlagetots" – Sie hätten ihre zweifellos großartigen Fähigkeiten lieber für die Menschen und nicht zur Aufpolierung ihres eigenen Ego („Immer währender Ruhm!") nutzen sollen.

1.3.1. Defizit an Grundvertrauen

Aber selbst bei einfühlsamsten Eltern wird man nicht automatisch erwarten dürfen, dass die Kinder ohne psychische Beeinträchtigungen, Defizit an Grundvertrauen, groß werden. Es ist ein multifaktorielles Problem; z.B. die Konkurrenz der Kinder in der Geschwisterreihe (Kain-und-Abel-Konflikt: Meist geht es um das Gefühl, benachteiligt zu werden, zu kurz gekommen zu sein) (s.o.)

Das Grundvertrauen hat also bei vermutlich jedem Menschen ein gewisses Defizit, auch wenn er sich dessen nicht bewusst ist.

Aber wieso gibt es überhaupt zwischenmenschliche Konflikte aller Art?

Im Tierreich reguliert sich das Leben vergröbert ausgedrückt weitgehend durch Instinkte. Kein Tier ist gut oder böse. Der Aggressions- und Expansionstrieb ist notwendig und nützlich zur Erhaltung und Ausbreitung der Art.

Aggression in diesem strengeren Sinne ist laut K. LORENZ nur die innerartliche Auseinandersetzung zur Herauszüchtung der kräftigsten Männchen. Diese Aggression gibt es vorwiegend nur bei Wirbeltieren.

Bitte nicht verwechseln mit der Jagd eines Zebras durch Löwen oder andere kampfartige Auseinandersetzungen zwischen Jäger und Gejagtem bei Tieren unterschiedlicher Art. Dazu gehört auch das „Hassen“, wenn Krähen einen Greifvogel vertreiben, was auch recht aggressiv aussieht. Die innerartlichen Auseinandersetzungen (Konflikte) haben wir von unsern Vorfahren durch die Evolution geerbt. Sie haben nichts mit Gut und Böse zu tun. Das ändert sich mit der Menschwerdung.

1.3.2. Die Menschwerdung besteht in der Entwicklung eines leistungsfähigen und äußerst kreativen Gehirns, eine zweischneidige Erwerbung!

Symbol für die Menschwerdung ist das Essen vom Baum der Erkenntnis (Adam-und Eva-Geschichte) = Der Mensch erwirbt ein Bewusstsein.

(Normaler Weise wird behauptet, dass die Schlange, die Eva verführt, der Böse, der Satan ist. E. DREWERMANN sieht darin eher das Nichtsein, die Sinnlosigkeit.)

Jeden Falls aber erwirbt der Mensch mit seinem leistungsfähigen Gehirn das Bewusstsein. Damit haben wir aber nicht nur Gutes erworben (tolle Erfindungen, Technik, Kultur, Kunst Philosophie u.a.); Plötzlich spielen Begriffe wie „Gut und Böse" eine Rolle und werden dem Menschen bewusst. Und es folgt, dass er auch Gut und Böse unterscheiden kann, also auch böse sein kann, indem er seinen Egoismus, seinen Expansionstrieb über normales Maß hinaus und ohne Rücksicht auf Mitgeschöpfe auslebt. Im Tierreich führen die Konflikte zwischen Artgenossen fast nie und nur ausnahmsweise zum Töten von Artgenossen. Anders beim Menschen.

Der Erfindungsreichtum des Menschen beschert nicht nur nützliche, segensreiche Dinge wie Fahrrad, Penizillin und Röntgenapparat, sondern auch schlimme Dinge wie Waffen, Kriege, Ausbeutung, Gier und Hass.

Unglücklicherweise haben wir aber als eigentlich von der Natur aus schlecht bewaffnete Wesen keine Tötungshemmung für Artgenossen (wie Wölfe und Hirsche. Wenn beim Kommentkampf ein Hirsch oder Wolf dem andern unterliegt, kann ihn der andere nicht töten, auch wenn er gerne wollte, weil er eine eingebaute Tötungshemmung hat. Anders beim Menschen: Wenn zwei Männer sich (wegen einer Frau) prügeln, geht es normaler Weise nicht tödlich aus. Fäuste sind meistens keine gefährlichen Waffen. Beim Kampf zweier etwa gleich starker Gegner gibt es Tote nur im Ausnahmefall. Wenn eine Auseinandersetzung aber mit Waffen –Faustkeil, Keule, Lanze, Schwert, Gewehr, Panzer, Kanone- erfolgt, ist das Ergebnis bekanntlich von der Wirksamkeit der Waffen abhängig, und es ist im Laufe der Entwicklung immer gruseliger geworden).

Was logisch daraus folgt: unser Aggressions- und Expansionstrieb führt zu allen erdenklichen menschlichen Konflikten, zum reihenweisen Töten von Artgenossen, (immer schrecklichere Waffen denkt sich unser kreatives Gehirn aus) bis zu menschlichen Katastrophen wie Atombomben, Eroberungs- und Vernichtungskriegen, Genozid und Auschwitz.

Das macht uns „erlösungsbedürftig“. Die natürlichen Aggressionen müssen in ungefährliche Bahnen gelenkt werden.

Wenn ein Mensch in entsprechender Situation Hemmungen hat, einen Artgenossen zu töten, dann ist das eine Folge seiner Erziehung (humanistisch, religiös?)

Wichtiger Nachtrag: Wenn die Grundbedürfnisse nicht abgesichert sind, spielen andere Dinge eine Rolle als der Mangel an Grundvertrauen. (Grundbedürfnisse sind abgesichert, wenn keiner hungert und durstet, die Menschen in einer Gemeinschaft leben, gesund sind und sich körperlich einigermaßen wohlfühlen. Wenn die Grundbedürfnisse nicht abgesichert sind, geht es eher um Verteilungskämpfe, Nahrungsbeschaffung, was in Mangelzeiten Aggressionen auslöst und zu Konflikten führt. In Hungerzeiten bestielt oder beraubt ein Bruder den anderen. Aber über Extremsituationen wollen wir jetzt nicht reden, sondern über die Folgen des Mangels an Grundvertrauen im ganz normalen Leben. Und diese Folgen betreffen jeden mehr oder weniger in jeder (auch noch so wohlhabenden) Gesellschaft).

1.3.3. Mangel an Grundvertrauen contra Daseinsberechtigung

Der Mangel an Grundvertrauen (durch zu wenig empfangene Liebe bzw. Zuwendung und Annahme) lässt uns am Sinn unseres Lebens, an unserer Daseinsberechtigung zweifeln. Er zwingt uns, verzweifelt unsere Daseinsberechtigung durch eigene Leistungen zu bestätigen. Er kann ganz unterschiedlich aussehen.

Was sind Habsucht, Raffsucht, Geiz, Ruhmsucht, Prahlen, Anhäufung von Besitz, übertriebene Selbstdarstellung, Machogehabe, Zickenkrieg, boshafte Nachrede, Fremdenhass, übertriebene Empfindlichkeit gegen Beleidigungen, Intrigieren, Egozentrik, Workaholic, Süchte aller Art usw. anderes als die Folge von angeschlagenem Grundvertrauen?
Je weniger man von diesen Dingen nötig hat, desto besser das Grundvertrauen, desto gelassener wird man mit fordernden Situationen umgehen können. Je angeschlagener unser Grundvertrauen ist, desto unausweichlicher sind wir im Gefolge der Angst gezwungen, unsere Daseinsberechtigung durch eigene Leistungen zu beweisen, ohne Rücksicht darauf, was wir dabei in unserer Umgebung und bei unseren Mitmenschen für Schaden anrichten.

(Stichwort: Die größten Krakeeler und Angeber haben meist das schlechteste Grundvertrauen)

Viele lassen solche Gedanken nicht an sich heran und wehren sie vehement ab. „Mit mir ist alles in Ordnung!" „Mir fehlt doch nichts!" Wohl dem, bei dem es stimmen würde. Aber auch wenn man es nicht wahr haben will, ist jeder hier mehr oder weniger betroffen. Es ist ihm nur nicht bewusst.

Dieser Hang zur Verdrängung gehört zur Grundlage aller Psychologie. Da ist nichts Geheimnisvolles dabei.

Nebenbei bemerkt sind Menschen mit mangelndem Grundvertrauen, z.B. Waisenkinder ohne Bezugsperson (Mutter) und vernachlässigte oder geprügelte Kinder deutlich anfälliger gegenüber Rattenfängern, die ihnen das Gefühl geben, hier nun endlich mal wer zu sein (z.B. Neonazis, Sekten), und sie geraten eher zur Kriminalität. Sie wollen sich (unbewusst) „an der Welt rächen". Und da glauben sie nur zu gern, dass „die Anderen" (z.B. Ausländer) an ihrer Misere Schuld sind.

Normaler Weise bieten wir im täglichen Leben unsern Mitmenschen nicht so ohne weiteres Annahme. In einer x-beliebigen menschlichen Vereinigung, muss man, wenn man anerkannt werden will, erst mal Leistung zeigen, Bedingungen erfüllen, zeigen, was man für ein Kerl ist. (Aufnahmerituale)

Aber gehen wir gar nicht so hoch ran. Wie weit wir Menschen nach ihrer Leistung beurteilen, zeigt sich schon im Alltagsleben:

z.B. beim Beginn einer Freundschaft suchen wir einen Freund zunächst danach aus, wie toll, wie sympathisch er ist, was er uns zu bieten hat. Erst wenn wir später auch die dunkleren Seiten kennen lernen und ihn trotzdem noch als Freund betrachten können, können wir sagen:

Ein Freund ist jemand, den man kennt und trotzdem gern hat.

Dann können wir ihn sogar annehmen, wenn wir bei ihm bedenkliche Seiten kennenlernen, und ihm selbst in schlimmen Situationen helfen, selbst wenn er in solchen Situationen nicht sehr liebenswert ist, je nachdem wir mit ihm vertraut geworden sind.

Um es nochmals deutlich zu machen: ob es uns bewusst ist oder nicht, mehr oder weniger haben wir alle ein Defizit am

Gefühl des angenommen Seins, des Daseindürfens (selbst bei liebevollster Bezugsperson).

Oben wurde schon gesagt, dass wir Zweifel daran haben, ob es uns geben muss, oder dass unser Leben eigentlich gar keinen Sinn hat (=Lebensangst, Daseinsangst, mangelndes Grundvertrauen, Verzweifeln am Sinn des Lebens).

Und je größer der Zweifel an unserm Sinn ist, desto verzweifelter wollen (bzw. müssen!) wir unsere Daseinsberechtigung durch eigene Leistung beweisen.

Wie gesagt: Diese Vorgänge laufen mehr oder weniger unbewusst ab und machen uns Daseinsangst, das Gegenteil von Grundvertrauen.

Diese Missempfindung können wir lange verdrängen, wir können sie betäuben z.B. mit Alkohol, Aktivitäten aller Art, Aktionismus, Workaholic usw. Im Extremfall führt das dann zur ausgewachsenen Neurose oder Sucht.

1.3.4. Was hat Psychologie bei der Religion zu suchen?

Nicht die Extremfälle, die nicht ohne professionelle Hilfe (Psychiatrie) auskommen, interessieren mich hier. Mir geht es um die „Normalen".

Um das zu verdeutlichen: Wenn ich diese Fragen bei theologischen Gesprächspartnern angesprochen habe, wurde ich oft rasch abgefertigt: „Wer seelisch krank ist, soll zum Arzt gehen!" Das trifft für schwere Neurosen und Süchte selbstverständlich zu. Ich meine aber die sogenannten Normalen („wie Du und ich"), die unter ihren Problemen mehr oder weniger leiden, bei denen aber keiner auf die Idee käme, einen Arzt einzuschalten. Die Übergänge sind da selbstverständlich fließend.

Das Problem besteht darin, dass ein Betroffener (wie oben schon angedeutet) automatisch in Abwehrstellung geht, wenn andere ihm seine Probleme deutlich machen wollen. Wenn jemand gesagt bekommt: „Das ist ja krank!" oder „Du bist ja krank!" fühlt sich der Betroffene beleidigt, wenn er gar kein Krankheitsbewusstsein hat. Verdächtigt zu werden, psychisch krank zu sein, gilt immer noch als Makel, den man möglichst verheimlichen will. Man baut Widerstände auf. Aber andere bemerken diese Probleme oft deutlicher als der Betroffene. Man muss kein Psychologe sein, um die geschilderten Abläufe zu verstehen und mit solchen Problemen umzugehen.

Die Schwierigkeit besteht darin, dass die geschilderten Folgen so relativ harmlos daherkommen, vielleicht als Marotte oder „liebenswerter Fehler" empfunden werden, schlimmstenfalls als Charakterschwäche oder Überempfindlichkeit abgetan werden, also dementsprechend selten ernst genommen werden, während der subjektive Leidensdruck erheblich sein kann. Dagegen werden schwere Neurosen, echten Psychosen und Süchte eher einer notwendigen Behandlung zugeführt. Aber welche Gefahren von den sog. „Normalen“ ausgehen, zeigen die Mitläufer unter der Naziherrschaft oder anderen Diktaturen. Das waren oft ganz „normale“ Bürger, die zunächst niemandem etwas tun wollten. Aber ihr mangelndes Grundvertrauen machte sie anfällig für Versprechungen, Verführungen, Manipulation und Autoritätsgläubigkeit. Ohne die Vielen, denen der Gehorsam gegenüber Autoritäten verinnerlicht wurde und der Neid gegenüber denen, denen es angeblich besser ging, hätten die Nazis nie so bei einem ganzen Volk landen können. Oben wurde schon betont, dass das Gefühl des zu kurz gekommen Seins böse macht. Wie allein Scham und Minderwertigkeitsgefühl anfällig gegenüber Manipulationen der Mächtigen macht, zeigt das Büchlein: „Trost finden“ von D. u. C, LÜLING.

Hier gäbe es noch viel zu diskutieren. Die „Normalen“ haben die Probleme.

1.3.5. Die Reihenfolge muss stimmen (erst Annahme, dann Leistung)

An dieser Stelle fängt für mich Religion an: Jesus hat nicht erst gefragt: „Was kannst Du für die Gemeinschaft beitragen?“ Er hat erst bedingungslose Annahme signalisiert und uns damit frei gemacht, auch etwas Gutes zu tun. Die Reihenfolge muss stimmen.

Jesus hatte eine überragende Integrationskraft: er bildete keine Fronten, sondern konnte Menschen versöhnen. Er hat in unnachahmlicher Weise sich um die „Problematischen“ gekümmert, um „Huren und Zöllner“ mit denen keiner etwas zu tun haben wollte, um Ausgestoßene und Kranke (denen im Judentum immer eine gewisse Schuld, eventuell auch deren Eltern, angelastet wurde. Wer krank war, hatte entweder selbst oder über seine Eltern Schuld auf sich geladen) und hat gesagt:

„Kommt her, die ihr mühselig und beladen seid“.

Wir unauffälligen „Durchschnittsbürger“ fallen zwar nicht weiter auf, fühlen uns auch normalerweise nicht ausgestoßen, werden vielleicht höchstens manchmal wegen gewisser Eigenheiten belächelt oder beargwöhnt.(s.o.) Aber wir haben als soziale Wesen einen Zuspruch der Annahme aus unserm Umfeld durchaus nötig. Wenn wir diesen Zuspruch nicht haben, sind wir einsam, fühlen uns ausgegrenzt und eigentlich der Verzweiflung ausgeliefert, bis hin zum Mobbing. Wir können uns frustriert fühlen. Die schlimmste Folge ist, wenn Menschen so verzweifelt sind, dass sie sich „an der Welt rächen" wollen, z.B. Hooligans und Neonazis. (s.o.)

Vielen ist das nicht bewusst. Sie merken es erst, wenn es echt brenzlig wird oder wenn sie wirklich einsam sind.

Dieses Engagement Jesu für die Schwachen und „Problematischen" fasziniert mich! Im weiteren Sinne dient es auch der Konfliktvermeidung, der Harmonie im Umgang miteinander und der Friedensstiftung.

Nicht: „Du musst erst etwas leisten, dann wirst du angenommen!" sondern

„Du wirst angenommen, ohne Bedingung!"

- für mich eine der wichtigsten Botschaften Jesu.

Das ist das, worum LUTHER gerungen hat: Rechtfertigung nicht durch eigene Leistung, sondern nur durch die Gnade Gottes (Annahme und Vertrauen durch die Mitmenschen).

Jesus als der menschgewordene Gott (Man kann auch sagen: die menschgewordene Nächstenliebe) macht mein Leben heil (Heiland) und sorgt dafür, dass es seinen Sinn nicht verfehlt, dass es nicht sinnlos wird.

1.4. Der Sinn unseres Lebens

Und damit sind wir beim Sinn unseres Lebens. Der englische Astrophysiker Hawkins meinte: „Der Sinn des Lebens ist das, was man dafür hält“. Das finde ich für solch einen gewaltigen Denker mehr als dürftig.

Dazu der Kommentar meines Freundes Pf. Marc POKOJ: Wer sich nur in den kalten Dimensionen von riesigen Räumen des Weltalls und den winzigen Räumen der subatomaren Bereiche aufhält, verliert den Blick auf das Menschsein. Sinn wird nicht festgestellt, sondern empfangen.

Ich kann nicht so einfach definieren, was „der Sinn des Lebens“ ist. Das haben auch schon Generationen versucht. Aber ich habe ein Gefühl, wann ein Leben sinnvoll oder sinnlos, verfehlt ist. Wenn ich mich angenommen und geborgen fühle, habe ich das Gefühl, nicht sinnlos zu sein sondern einen Lebenssinn zu haben.

Den Sinn des Lebens sucht sich nicht der Mensch selbst, sondern er wird ihm vorgegeben. Ich kann maximal Erfüllung suchen. Ob das alles allerdings sinnvoll ist, kann ich nie objektiv beurteilen. Fromm gesagt, wird es am Anspruch Gottes (oder der Nächstenliebe!) an uns gemessen.

Über den Sinn ihres Lebens sagt Frau Hanna Renate LAURIN: Mein Leben als Geschenk zu erfahren ist der Sinn meiner Existenz.

DREWERMANN: Ich würde meinem Gegenüber sagen: Ich freue mich über das Geschenk deiner Gegenwart, und der Sinn meines Lebens ist, dass ich Dich lieben darf.

Pf. Marc POKOJ: Sinn ist, was dem Nächsten nützt - Vielleicht etwas kurz, aber griffig.

Es wurde viel davon geschrieben, dass man durch gute Werke nicht gerechtfertigt ist und sich das „Himmelreich" nicht erwerben kann. (Luthers Grundfrage). Das heißt nicht, dass man sich nicht Mühe geben soll, seinem Nächsten etwas Gutes zu tun. Aber wenn Du darunter leidest, von Deiner Umgebung unzureichend angenommen, anerkannt zu werden, wirst Du das kaum mit eigener Leistung bessern können. Es ist so, wie beim verlorenen Sohn, der mit seinem Geld sich Freunde kauft, die sofort abspringen, wenn das Geld alle ist.

Aber in der Atmosphäre der Annahme und des Vertrauens fällt es niemandem schwer, andern etwas Gutes zu tun. Dann kann es sogar ein Bedürfnis sein.

1.4.1 Sinn kontra Sünde

Drewermann sagt, **dass das verzweifelte Bemühen, seine eigene Bedeutung, den eigenen Sinn, die eigene Daseinsberechtigung durch eigene Leistung deutlich zu machen und erzwingen zu wollen, Sünde ist.**

Sinn muss man geschenkt bekommen. Mit der Brechstange ist da nichts zu machen. Du kannst also nicht sehr viel für den Sinn Deines Lebens selbst tun. Auf jeden Fall aber kannst Du Dir Mühe geben, deinen Mitmenschen das Gefühl der Annahme zu schenken und ihnen damit das Gefühl zu geben, dass ihr Leben einen Sinn hat.

Selbstverständlich kann man etwas als sinnvoll empfinden, was man Gutes an seinem Mitmenschen tut, sei es materiell oder als Liebestat. Ob man das mit Sinnfindung für sein Leben verbinden kann, muss vielleicht jeder selbst empfinden.

(Wie schwierig das sein kann, merkt man, wenn man der Nehmer bei einem

materiellen Geschenk ist. Je nach Geber kommt einem schnell der Gedanke, „Wie kann ich es wieder gutmachen?". Ohne Gegenleistung etwas geschenkt zu bekommen, ist nicht leicht (in unserer Gesellschaft).

Ich kann also wenig selbst für meines Lebens Sinn tun, aber ich kann dazu beitragen, anderen zum Gefühl des Angenommen Seins und damit des sinnvollen Lebens zu verhelfen und mir umgekehrt von ihnen dieses Gefühl schenken lassen. Das entlastet mich und kann mein Leben heil (sinnvoll) machen.

Jesus ist es, der mein Leben heil macht, der mich umdenken lehrt, der dafür sorgt, dass ich von meiner Ich-Bezogenheit wegkomme und lerne, wie armselig ich bin, wenn ich mich nur um mich drehe. Das wäre ein Heilsvorgang in meinem Leben und damit erklärt sich für mich die Bedeutung von „Heiland".

Er sagt mir, wie wichtig es für den Sinn meines Lebens ist, meine Umgebung positiv wahrzunehmen und mich um das Befinden meiner Mitmenschen zu kümmern. Natürlich sollte nicht jeder versuchen, „die ganze Welt zu retten oder zu erlösen", aber er kann schauen, wo er von Mitmenschen gebraucht wird oder wo man für sie da sein kann. Das ist nicht immer bequem. Aber immer kostet es Zeit. Die Zeit, die man einem andern Menschen geschenkt hat, ist in diesem Sinne immer gut angelegt. Natürlich können das auch Atheisten leisten. Aber ob bewusst oder unbewusst, stammt ihr menschliches, ethisches Handeln ursprünglich seit vielen Jahrhunderten aus christlicher Quelle.

Hierzu passt das Jesuswort: „Was ihr einem meiner (geringsten) Brüder getan habt, das habt ihr mir getan!".

Ich weiß, dass dieses sich gegenseitig durch Annahme Sinn geben, nicht unproblematisch ist. Ein befreundeter Pfarrer sagte darauf lakonisch: „Na, so ein bisschen nett zueinander sein, das kann es ja wohl nicht sein!" Natürlich ist es das nicht!

Unter dem Stichwort Nächstenliebe habe ich bei Uta RANKE-HEINEMANN in „Querköpfe“ gefunden, was diese Frage beantwortet:

…Wer hat nicht schon unter der Liebe gelitten, die nicht begriff, die nicht verstand, unter den Ratschlägen derer, die es gut meinten? Es gibt Christen, in deren Freundlichkeit der Mensch nicht richtig froh wird, in deren ständiger Heiterkeit er sich verlassen vorkommt, weil er sich als der immer austauschbare Anlass, als das Material empfindet, an dem dieser Christ seine Nächstenliebe absolviert. Er fühlt sich „um Gottes Willen“ geliebt, aber nicht wirklich gemeint und gesehen.

Martin Buber berichtet folgende kleine Geschichte von einem Chassidim. Ein Chassid erzählt: „Die Erkenntnis wahrer Nächstenliebe verdanke ich einem Gespräch zweier Männer, denen ich zuhörte. Erster: „Sagt mir, Freund Iwan, liebst du mich?“ Zweiter: „Ich liebe dich sehr.“ Erster: „Weißt du auch, Freund, was mir weh tut?“ Zweiter: „Wie soll ich wissen, was dir weh tut?“ Erster: „Wenn du nicht weißt, was mir weh tut, wie darfst du sagen, dass du mich liebst? Lieben, wirklich lieben, heißt, wissen, was dem andern weh tut.“

Vielleicht ist das etwas dick aufgetragen. Aber diese Geschichte macht ein wenig die Richtung deutlich, in die unsere Sensibilität gehen könnte, und was unter Annahme für den Nächsten, gemeint ist, und was nicht.

Nun könnte man nach all dem Gesagten trotzdem fragen, was denn daran das Göttliche oder speziell Christliche sei.

Ich würde mich nicht mal wundern, wenn jemand sagt, dass das ja nur Psychologie ist und für einen Atheisten auch alles machbar sei.

Aber das würde mir nicht reichen. Ich glaube an eine (göttliche) Kraft, die diese „Nächsten“-Liebe möglich macht. Man kann es Lebenskraft oder Mitfühlen, Mitmenschlichkeit nennen, ich nenne es Gott.

Ich wiederhole nochmals: Gott ist für mich die Kraft, die will, dass es mich gibt und ich ein sinnvolles Leben führe.

Jetzt versteht man auch besser, was oben schon gesagt wurde: Die Wissenschaft ist (im günstigen Falle) für das Wohl des Menschen notwendig und verantwortlich; die Religion für das Heil. (s.o.)

1.5. Für meine Mitmenschen kann ich die Hölle sein oder der Himmel

Zum Abschluss der ersten Abteilung noch eine kleine Gleichnisgeschichte, die vielleicht mancher kennt, die mich aber immer beeindruckt hat:

Ein Mensch ist gestorben und kommt zu Petrus. Dieser fragt: „Willst du in den Himmel oder in die Hölle?" Er erwidert: „Wenn du so fragst, müsste ich mal die Bedingungen erfahren." Petrus zeigt ihm einen Raum, in dem ein Dutzend Personen um einen runden Tisch sitzen. In der Mitte gibt es die schönsten, wohlduftenden Speisen. Aber keiner kann aufstehen. Alle haben einen langen Löffel am Handgelenk befestigt, mit dem sie zu den Speisen, aber nicht in den Mund gelangen. Es ist großes Gejammer und Wehklagen. Der Mann sagt zu Petrus: „Dass das die Hölle ist, ist deutlich. Aber wie sieht denn der Himmel aus?" „Genauso! Mit fester Sitzordnung und langem Löffel." „Ja, aber was ist denn der Unterschied?" „Im Himmel füttern sich die Leute gegenseitig.

2. Abteilung: Das Sühnopfer (=Blutopfer) Jesu

Auch hier bin ich auf Wiederholungen angewiesen, damit das Ganze als Block verständlich bleibt.

Mein ganzes religiöses Leben lang habe ich gehört:

Weil Gott die Menschen liebt, ist Jesus für ihre Sünden gestorben. Durch sein Blut wurden unsere Sünden abgewaschen.

Ohne dass sich Jesus für uns geopfert hat, wäre eine Sündenvergebung nicht möglich.

Jesus hat die Sünden der Welt auf sich genommen, um uns vor dem ewigen Tod zu bewahren.

Jesu grausame Hinrichtung steht in Verbindung mit der Vergebung der Sünden für die ganze Menschheit.

So habe ich es seit dem Konfirmandenunterricht gehört und in vielen Predigten und Gesangbuchliedern beigebracht bekommen.

Der Tod Jesu wurde als Opfer interpretiert, indem Jesus wie ein Sündenbock unsere Sünden getragen hat.

Die Juden hatten den Brauch, in bestimmten Abständen einem Ziegen- oder Schafsbock symbolisch alle Sünden aufzuhalsen und ihn in die Wüste zu jagen, wo er vermutlich umkam. Sie fühlten sich dadurch von den Sünden entlastet.

Dass Jesu Gefangennahme, Prozess und Hinrichtung um das Passahfest stattfanden, passte gut in das Bild, denn dabei wird das Passahlamm geschlachtet, dessen Blut einst in Ägypten vor dem Auszug an die Türpfosten gestrichen wurde, damit der Würgeengel vorbei ging und nicht die Erstgeborenen tötete, (die letzte der 10 ägyptischen Plagen) Es sollte ja nur die Ägypter treffen.

Jesus wie das Passahlamm ein Opfer! Ein Opfer zur Vergebung unserer Sünden! So die Deutung durch Paulus.

Einige Kommentare aus **„Für uns gestorben"** von der EKD: (Meine Randbemerkungen in Klammern)

Die Botschaft von der Rechtfertigung aller Glaubenden durch Christi Sterben und Auferstehung ist das Zentrum der Theologie. Sie befreit die Christen von der Vorstellung, durch häufiges Beichten und durch Bußleistungen ihr Seelenheil selbst verdienen zu müssen. Leben im künftigen Gottesreich nur aus Gnade. (Warum ist Christi Sterben notwendig, um Beicht- und Bußleistungen einzusparen und um Gottes Gnade wirken zu lassen, die uns rechtfertigt?)

...dass das Blut als das stellvertretend dahingegebene Leben-mit dem Bereich des Heiligen in Berührung kam und somit der Mensch selbst, jenseits seines Sterbens zu einem neuen Leben in Gottes Gegenwart gelangte. Es geht um die Überwindung der Sünde- nämlich Trennung von Gott- so sollte auch die stellvertretende Lebenshingabe Christi nicht im Tod als der endgültigen Trennung vom Leben enden.

ANSELM VON CANTERBURY interpretierte den freiwilligen Tod Jesu als unendliche Genugtuung und Wiederherstellung der Ehre Gottes. (Anselm kann nicht erklären, wieso der Tod des Gottmenschen Jesus das unendliche Gut des Lebens des Gottmenschen freisetzt. Woher weiß er etwas über die Ehre Gottes? Hier wird Gott doch wieder sehr menschenähnlich gedacht).

Jesus hat die Macht der Sünde und Schuld, Teufel, Tod und Unglück überwunden, indem er sich diesen Verderbensmächten ausgesetzt und sie so entmachtet hat. Damit ist zugleich eine doppelte Antwort auf die Frage nach dem Sinn des Leidens und Sterbens Jesu Christi gegeben. (Wieso entmachtet man sie, wenn man sich ihnen aussetzt?)

Gott bringt sich vielmehr selbst in das Erlösungsgeschehen ein, indem er sich den Menschen mit ihren abgrundtiefen Lebenserfahrungen gleichmacht, bis hin zu Leiden und Tod. Angesichts der Schwere der menschlichen Verfallenheit und Sünde konnte nur Gott selbst die Erlösung hinausführen.

Der dreieinige Gott erleidet im gekreuzigten Christus unsere Gottverlassenheit. Er setzt sich dem Gericht aus, das eigentlich uns treffen müsste. Er stirbt den Tod, den wir sterben müssten. Aber weil es Gott war, der sich im Sohn dieser Situation ausgesetzt hat, stirbt der Tod und siegt das Leben.

Diese Gedankengänge sind an den entscheidenden Stellen nicht logisch und nur dann überzeugend, wenn man von vornherein davon überzeugt ist, dass die Sündenvergebung ohne das blutige Opfer von Jesu Leben nicht funktionieren kann. Zunächst wird das Blutopfer als stehende Tatsache festgestellt (als ein Axiom, Dogma?), und dann wird mühsam die Begründung dafür gesucht (und oft auch bestechend formuliert).

Es ist eine Deutung der Verurteilung und Hinrichtung Jesu, vorwiegend durch Paulus.

Wie will man diese Gedankengänge dem „Durchschnittsjugendlichen“ nahebringen? Wie ich immer wieder höre, mehren sich die Stimmen derer, die mit der Botschaft von Christi Sterben „für uns“ große Probleme haben.

So ging es auch mir. Mir war von Anfang im Konfirmationsunterricht dieser Gedanke unheimlich. Aber ich habe mir keine Zweifel gestattet. Ich dachte mir: Wer bin ich, dass ich das Urteil von Paulus und der zahlreichen anderen Kirchenlehrer anzweifeln darf? Aber wohlgefühlt habe ich mich dabei nie.

Die Verbindung von Jesu grausamer Hinrichtung und der Vergebung der Sünden für die ganze Menschheit finde ich einen befremdlichen Gedanken. Die Nichtopferung von Isaak ist das Symbol für das Ende der Menschenopfer. Und ein paar Jahrhunderte später soll Gott sagen: „Nun soll aber mal wieder Blut fließen!" Wer soll das glauben? Das Blutopfer Jesu erinnert mich in fataler Weise an heidnische Riten, bei denen durch Opferung des Liebsten die Götter beschwichtigt werden sollten. (Ein Beispiel ist die Opferung der Iphigenie für günstigen Wind für den Feldzug nach Troja.)

Mit meiner Meinung bin ich offensichtlich nicht allein:

Für Prof. JÖRN, Berlin („Notwendige Abschiede"), ist das Blutopfer wohl das wichtigste von sieben zu lösenden Problemen der christlichen Religion.

Frau Prof. RANKE-HEINEMANN, die erste katholische Theologieprofessorin, hat sich nicht nur darüber erregt, und den Vorgang einen „blutigen Steinzeitritus" genannt, sondern beim Weiterdenken darin eine Satire gesehen:

Der Gott, der zu unserer Erlösung seinen Sohn opfern muss! Alle Karfreitage überfällt mich das gesamte Leid der Menschheit, dieser Gott, der erst Ruhe gibt, wenn er seinen einzigen Sohn für uns hat bluten lassen und gekreuzigt hat: Das ist doch eine so schreckliche Auffassung! Hätte es damals die Todesstrafe im Römerreich nicht gegeben, wäre man so liberal wie heute gewesen, dann wäre die gesamte Erlösung der Menschheit an der Humanität der Menschheit gescheitert. Dieser Irrsinn, diese Grausamkeit, diese Verbrüderung mit dem Leiden, die die Heilsamkeit des Leidens betont statt der Heilbarkeit. Das Gottesbild eines Gottes, der grausam sich nur durch den grausamen Tod seines Sohnes versöhnen lässt?

Erst vor kurzer Zeit bei der Beschäftigung mit dem „Sühnopfer" habe ich mitbekommen, dass man das heute etwas differenzierter sieht. Von Sündenbock, gar Loskauf wird in der protestantischen Theologie nicht mehr gesprochen. Von Opfer wird nur in der Hinsicht geredet, dass Christus sein Leben hingibt (opfert), **damit sich Gott mit uns versöhnen kann.**

Heute sieht die moderne Theologie also das anders als noch zu meiner Konfirmationszeit. Das wird ausführlich beschrieben in: „Für uns gestorben", herausgegeben von der EKD (s.o.). Es ist ein von mehreren Theologen verfasstes Buch, und jedes einzelne Kapitel ist lesenswert. Aber insgesamt ist es ein Beispiel dafür, was dem normalen, bescheidenen Gemeindeglied zu kompliziert ist, um kontinuierlich durchgelesen und begriffen zu werden (siehe erster Satz meines Vorworts).

Die Quintessenz ist:
Gott hat seinen Sohn als Mensch in die Welt geschickt, um mit seiner Liebe zu den Menschen ernst zu machen. Er will mit dem Opfer seines Sohnes die Menschen mit sich und untereinander versöhnen. Die Menschen in ihrer Bos- und Sündhaftigkeit hätten den Tod verdient, den Jesus stellvertretend über-

nimmt. Gott will seine Solidarität mit den Menschen zeigen, indem er als Mensch (Jesus) das Leiden auf sich nimmt.

Diese differenzierten Darstellungen, die von allen Seiten die Frage von Jesu Tod und seine Bedeutung für die Menschen beleuchtet, waren für mich sehr eindrucksvoll und bedenkenswert. Theologen, die 100mal klüger sind als ich, haben sich alle Mühe gegeben, plausibel zu machen, warum Jesu Tod zu unserem Heil nötig war und ist.

Der Tod Jesu nicht mehr als Sündenbock, aber als freiwilliges Opfer zur Versöhnung bleibt unverändert.

Mir ist bewusst, dass der überwiegende Teil der Theologen und des „Fußvolks" der Kirchen den Tod Jesu durch Kreuzigung für Gottes Heilsgeschehen so gelernt hat und für nötig hält. Ich kann auch keinem Menschen übelnehmen, wenn er ein Leben lang diesen Gedanken für richtig gehalten hat, es auch weiterhin tun wird. Jesu Tod unterstreiche den Ernst, mit dem der liebende Gott die Versöhnung mit den Menschen und der Menschen untereinander betreibt, wird gesagt. Es bleibt das von Paulus und anderen bevorzugte Deutungsmuster.

Aber auch wenn der größte Teil der Christen (Theologen und Laien) diese Deutung akzeptiert und für die einzige Möglichkeit hält, so halte ich (mit vielen Anderen) eine andere Deutungsmöglichkeit auch für möglich und sinnvoll.

Mich hat nicht überzeugt, dass eine Versöhnung Gottes mit den Menschen nicht möglich wäre ohne dass Jesus sein Leben opfern muss. Und ich möchte nicht noch einmal den Fehler begehen, einer Meinung nicht aus Überzeugung, sondern aus Autoritätsgläubigkeit zu folgen.

Ich finde es sehr gut, dass die evangelische Kirche unterschiedliche Meinungen auch in solch einer für viele offenbar entscheidenden Frage zulässt, ohne dass jemand ausgegrenzt wird. Nach meiner Kenntnis ist solche Toleranz bei unsern katholischen Brüdern derzeit noch eher unwahrscheinlich. Die Individualisierung unserer Zeit und neue Formen forcierter Vergemeinschaftung hat viele gute Seiten: Sie gibt Freiheit, nötigt nicht zu Sichtweisen, gegen die sich das Denken und Fühlen zur Wehr setzt. Andererseits kenne ich viele Christen, denen es ebenso wie mir geht, die sich aber oft nicht trauen, darüber öffentlich zu reden. Im Mittelalter geriet man für solch abweichende Meinung sicher in die Fänge der Inquisition.

Es ist zu befürchten, dass sich Menschen von dem grausamen Sühnopfer so abgestoßen fühlen, dass es reicht, sich von der Kirche abzuwenden. Und das wäre sinnloser Reibungsverlust.

Heute vertrete ich wohlgemut meine Meinung und vertraue auf die Toleranz meiner Mitchristen und bin überzeugt: Jesus musste nicht für mich umgebracht werden, um Gott mit der Menschheit zu versöhnen und seine Liebe zu den Menschen zu verdeutlichen.

Der Knackpunkt ist für mich das Sündenverständnis, das in der evangelischen, wie in der katholischen Kirche weitgehend den freien Willen voraussetzt (der Mensch entscheidet sich dafür, gut oder böse zu sein und hat für seine Untaten eindeutig den Tod verdient). Dass ich das für falsch halte und eher dem Sündenverständnis von DREWERMANN folge, habe ich oben schon betont. Hier hat er meinen religiösen Glauben vom Kopf auf die Füße gestellt!

Drewermann sagt dazu:
Es ist das Vertrauen auf Gott, das Jesus so tun und ihn durchhalten lies, um unsertwillen, um uns von unserer Angst im Untergrund unserer Existenz zu erlösen. Die Angst vor der Welt schmilzt dahin in diesem Vertrauen, das Jesus uns ermöglicht hat.

Es geht hier Drewermann offensichtlich um unsere (Daseins)-Angst und nicht um unsere übergroße Schuld.

Dementsprechend ist ein Sünder eher Opfer als Täter.

Es soll aber keineswegs den Anschein haben, dass damit böse Taten verharmlost werden sollen. (Potentielle) Opfer müssen natürlich ernst genommen und geschützt werden. Aber die Herangehensweise an einen Übeltäter sollte sich nicht auf Moral und Ethik beschränken!

Um diese andere Situation zu verdeutlichen, muss ich einiges voranschicken.

Meine Ausgangsposition:

Die Bibel sagt sinngemäß: „Als Gott die Welt erschaffen hatte, fand er das Geschaffene sehr gut". Das nehmen wir einfach so hin. Vom Standpunkt des Menschen aus gesehen, sieht es aber nicht so rosig aus, mindestens zwiespältig:

Nüchterne Bilanz der Evolution:

Mit der Vielzelligkeit kam der Tod, (nicht erst mit der Sünde)

mit der Nervenfunktion kam der Schmerz,

mit dem Bewusstsein kam die Angst. (vor der Sinnlosigkeit).

Die Angst der Tiere ist reflexhaft und hilft beim Überleben, indem sie das Individuum veranlasst, die Flucht zu ergreifen oder sich anderweitig zu retten. Da sie auf ein Objekt gerichtet ist, sollte man sie eher „Furcht" nennen. Solche Furcht gibt es beim Menschen natürlich auch. Aber hier ist die Daseinsangst des Menschen vor der Sinnlosigkeit gemeint. Und die entsteht durch mangelhaftes Grundvertrauen!

1. Wir bewundern die „Wunder" der Natur. Aber das übliche Fressen und Gefressen werden, das wir aus Naturfilmen so gern verbannt sehen, hat der Mensch weiter fortgesetzt. Wir können nur leben, wenn wir uns die Körper von Pflanzen und Tieren einverleiben und ihnen damit die von uns benötigte Energie und die Baustoffe rauben. Auch Vegetarier vernichten Leben, wenn sie sich ernähren. Dafür können wir nichts, und auch die Bibel sieht das als normal an, den verantwortlichen Umgang mit den Mitgeschöpfen vorausgesetzt.

Das Essen vom „Baum der Erkenntnis“ ist das Symbol dafür, dass wir zu Menschen wurden (Menschwerdung durch Erwerb eines Bewusstseins). Vorher waren wir in die Natur eingebettet.

Die Bibel beschreibt den Zustand als paradiesisch, sorglos im Garten Eden. Unsere noch vormenschlichen Vorfahren erlebten es allerdings anders, und zwar als Kampf ums Überleben gegenüber einer feindlichen Umwelt (Fressen und Gefressen werden). Es war dem Autor offenbar das Wichtigste, deutlich zu machen, dass mit der Erkenntnis bzw. der Menschwerdung „das Böse“ in die Welt gekommen ist. Der Zustand vor diesem Ereignis kann dann schon verklärt gesehen werden. Der Idealzustand des Gartens Eden ist ein mythisches Bild, das besonders den Stellenwert des Bösen unterstreichen soll, welches mit der Menschwerdung in die Welt gekommen ist („Sündenfall“). Die Theologen sprechen von der „gefallenen Schöpfung“. Dabei wird die positive Seite der Entwicklung für den Menschen nicht erwähnt und berücksichtigt.

2. Der Expansionstrieb, der Egoismus (und der Sexualtrieb) waren und sind im Tierreich weder gut noch böse, sondern dienen zur Erhaltung und Verbreitung der Art. Mit dem Erwerb des Bewusstseins änderte sich das. Wir können zwischen Gut und Böse unterscheiden und uns unseren Mitmenschen gegenüber auch böse verhalten. (Im Gegensatz zu Wölfen und Hirschen haben wir als „schlecht bewaffnete Tiere“ keine Tötungshemmung gegenüber von Artgenossen. (Siehe 1. Abteilung)

Der wachsende Intellekt lässt uns wunderbare Geräte und Werkzeuge erfinden, aber ebenso auch immer furchtbarere Waffen.

Für unsere Steinzeitvorfahren war die vielleicht ungewollte Tötung eines Zeitgenossen mit dem Faustkeil ein gravierendes emotionales Ereignis. Das Töten eines Gegners in einer antiken oder mittelalterlichen Schlacht wurde emotional weitgehend durch Aufbauen von Feindbildern und künstlichen Ehrencodizes ertragen, war aber doch noch recht augenfällig. Den modernen Krieg können viele nicht mehr ertragen, ohne anschließend beim Psychiater zu landen, es sei denn, sie sitzen weit hinten im Gefechtsstand. Dann nimmt sie das Sterben weit vorn nicht so sehr mit. Aber bei einem Bomberpiloten,

der vielleicht Tausende auf Knopfdruck tötet, ist dieses Ereignis emotional abgekoppelt. Ihm ist das Ungeheuerliche seiner Handlung nicht vor Augen, zumal er sich ja auf Befehle berufen kann. Er kann der liebevollste Familienvater sein!

Warum wir böse sein können, was uns böse macht, lernen wir aus dem Kain- und Abel-Mythos: Das Gefühl zu kurz gekommen zu sein, benachteiligt zu werden, macht uns böse, schürt den Egoismus. Auch das haben wir uns nicht ausgesucht. Das kommt durch die Entwicklung unserer Psyche in der Evolution (Bewusstsein). Dass bei jungen Adlern das stärkere Küken das Schwächere aus dem Nest drängelt, finden wir grausam, aber im Sinne der Evolution verständlich bis nützlich. Das Töten eines Menschen der eigenen Gesellschaft, gar eines nahen Verwandten, ist in einer ursprünglichen wie in einer zivilisierten Gesellschaft normaler Weise tabuisiert. Beim kriegerischen Kampf und beim Abschlachten von gefangenen Feinden in verschiedensten Kulturen, um die Götter günstig zu stimmen, und ähnlichem gilt durch Feindbildschaffung anderes. Der Feind gilt nicht als Mensch. Das erleben wir auch beim Rassismus jeglicher Form.

Der Mensch hat noch ziemlich viele von seinen tierischen Vorfahren stammende Instinkte. (vom Expansionstrieb, der zum Egoismus und zum Machttrieb wird, wurde schon gesprochen. Von unsern vormenschlichen Vorfahren haben wir auch noch den oben erwähnten Aggressionstrieb, der natürlich mit dem Expansionstrieb zusammenhängt. Bei K. LORENZ, „Das sogenannte Böse" erfährt man, dass die Folgen und die Weiterentwicklung des Aggressionstriebes auch sehr positive, erstaunliche Folgen haben. Ohne Aggressionstrieb gäbe es keine der uns sehr wichtigen menschlichen Eigenschaften wie: -

- die Wärme des Gefühls,
- persönliche Bindungen wie Freundschaft und Liebe (Paarbindung) -
- Begeisterung
- Sinn für Schönheit
- Drang zu Kunst und Wissenschaft
- Lachen.

(Jawohl, Lachen ist eine Folgeerscheinung der Aggressivität: Das merkt man, wenn andere über einen selbst lachen!) Das klingt sehr widersprüchlich. Aber die Evolution hat genialer Weise Wege gefunden, die Aggression in ungefährliche Bahnen zu leiten. Wir sollten also unsere vormenschliche Vergangenheit und Triebe keineswegs verteufeln. Ohne die Folgeentwicklungen der Aggression wären wir keine Engel sondern das Gegenteil. Wie das geht, wie aus Aggression Freundschaft und Liebe werden?

Natürlich kann ich nicht das ganze Buch zusammenfassen. Nur eine kleine Andeutung, in welcher Richtung das geht: Wenn sich zwei Gänse, die aggressivsten Tiere überhaupt, begegnen, machen sie ein sog. Triumphgeschrei. Das heißt, sie schreien nicht ihr Gegenüber an, sondern an diesem vorbei einen imaginären Feind im Hintergrund. Und ihr Gegenüber macht es genauso. Indem sie die imaginären Feinde verschreien, fühlen sie sich miteinander verbunden, was zu persönlicher Freundschaft und lebenslanger Partnerschaft führen kann. Nie versteht sich ein miteinander zänkisches (menschliches) Ehepaar so gut, als wenn es einen „bösen Nachbarn" gemeinsam bekämpfen kann.

Durch die Evolution sind alle positiven Strebungen (Wissenschaft, Kunst, Sinn für Schönheit usw.) die friedlichen Folgen des unfriedlichen Prinzips. Begeisterung, wenn es uns den Rücken herunterrieselt (weil sich die Rückenhaare aufstellen, von denen wir ja nicht mehr viele haben), ist biologisch der gleiche Vorgang, als wenn sich ein Gorillamännchen bei drohendem Feind schützend und drohend vor seine Sippe stellt und sich so groß wie möglich macht, indem es die Schulter- und Nackenhaare aufstellt. Schlimm, dass diese wunderbare Begeisterung beim Menschen von allen möglichen Volksverführern missbraucht werden kann! Besonders, wenn man die Begeisterungsfähigkeit ausnutzt, um (junge) Leute bereit zu machen zum Kampf gegen einen verteufelten Feind, wie es in jedem Krieg vorkommt. Dazu noch ein mitreißendes Lied, und schon stürzt man sich bereitwillig auf den „bösen Feind“, der einem nie etwas getan hat!

Das Thema aber sind die negativen Folgen unserer Triebe. Diese sind zusammen mit dem mangelnden Grundvertrauen die Hauptursachen aller zwischenmenschlichen Konflikte.

3. Dabei kommen noch die Folgen des Bewusstseins hinzu: Unser Bewusstsein lässt unsere Endlichkeit erkennen, dass wir sterben müssen (siehe Vorwort). Auch stellen wir die Frage nach dem Sinn unseres Lebens, warum es uns geben muss; und das können wir nicht ohne weiteres erkennen.

Das alles sind schwere Belastungen. Die können wir nur ertragen durch unser Grundvertrauen in den Sinn unseres Lebens.

Das soll als kurze Zusammenfassung aus der 1. Abteilung genügen. Ich lege Wert darauf, dass wir nicht in der mythischen Deutung der Zeit vor und nach dem „Sündenfall“ hängenbleiben. Die Erkenntnisse der (Natur)-Wissenschaft, der Verhaltensforschung, sollten für eine realistische Deutung sorgen. Dann lässt sich das Geschehen als Mythos erkennen und auch leicht mit dem Heilsgeschehen der Bibel zusammenbringen:

Das Erbe von unsern vormenschlichen Vorfahren bringt uns immer in Konflikte mit uns selbst und unseren Mitmenschen. Da brauchen wir die unbedingte Liebe, Annahme und Zuwendung von Gott, vertreten durch Jesus, die uns davor bewahrt, unser Leben zu verfehlen. Er steht für das Leben und gegen den (geistig/seelischen) Tod, der droht, wenn unser Egoismus und Machttrieb das letzte Wort haben.

Drewermann: Ein Leben in Angst und Sinnlosigkeit ist selber tödlich, ja, mörderisch, in jedem Falle eine lebensunwerte

Quälerei. Von diesem „Tod" spricht die Bibel, um ihm das eigentliche, unendliche Leben entgegen zu setzen, das Jesus - im Johannesevangelium – bringt, indem er die Angst vor dem Tod und damit die scheinbar normale Angst vor der Todespraxis der „Welt" überwindet durch das Vertrauen in Gott.

Für mich gibt es nicht nur keinen Widerspruch zwischen Wissenschaft und Religion, sondern die Wissenschaft kann zum besseren Verständnis unseres Verhältnisses zu Egoismus, Schuld und Vergebung beitragen, unser Verhältnis zu Gott klären.

Was hat das alles nun mit dem Tode Jesu zu tun?

Wir fühlen uns alle als Kinder Gottes. Aber Jesus Christus hat als „Sohn Gottes" eine herausragende Stellung. Er hat uns jederzeit bedingungslos angenommen. Er fragt nicht zuerst nach unseren Leistungen sondern kommt uns bedingungslos entgegen. Damit tut er etwas zur Besserung unseres Grundvertrauens, vermindert die Trennung von Gott und senkt unsere Sündenlast. Er ermöglicht uns, nicht mehr zwanghaft unsere Daseinsberechtigung durch eigene Leistung beweisen zu müssen (Drewermanns Definition von Sünde).

Für die Sünde im diesem Sinne sind wir nur bedingt verantwortlich. Wir können sie nicht einfach mit dem Willen abstellen, sondern es ist ein lebenslanger Prozess, das Defizit am Gefühl, angenommen zu sein, abzubauen durch Erfahrung, die wir mit unseren Mitmenschen in einer Atmosphäre der Annahme machen. Unsere Mitmenschen sind hier stellvertretend für Jesus und Gott, denn Gott hat keine anderen Hände als unsere! (s.o.)

Ich traue einem väterlich gedachten Gott zu, dass er mir meine Sünden und das Böse in mir verzeihen kann, so wie eine Mutter oder ein Vater auch ihren Kindern ihre Missetaten verzeihen, ohne dass dafür ein Blutopfer gebracht werden muss.

Jesus musste nicht für mich umgebracht werden, damit Gott sich mit mir versöhnt und ich mit meinen Mitmenschen.

Ich fühle mich sehr viel wohler in meiner Religion, wenn ich Gott die väterliche Liebe und das Verzeihen meiner Missetaten zutrauen darf, ohne dass dafür ein so großartiger (und anbetungswürdiger) Mann wie Jesus brutal hingeschlachtet werden muss. Ich sehe seinen Märtyrertod als Konsequenz seiner Tapferkeit (wie es Tausende weitere große Menschen erlitten haben, die der Dummheit und Bosheit ihrer Zeitgenossen nicht ausgewichen sind, sondern tapfer widerstanden und dafür heute z.B. in der katholischen Kirche als Heilige verehrt werden). Überall in den Evangeliengeschichten verbreitet Jesus eine Atmosphäre der Liebe und Annahme. Er reagiert menschlich, gütig und verzeihend, heilend. Es ist für mich nicht erkennbar, dass, wenn er von Gott als seinem Vater redet, eine „genetische" Beziehung gemeint sein soll, sondern es ist für mich eine symbolische Aussage einer besonderen Verbundenheit, wie wir uns ja auch als Kinder Gottes benennen. Vielleicht kann man auch sagen, Jesus war mit Gott so sehr eins, wie ein guter Vater und ein großartiger Sohn; eine Verkörperung der Liebe, die auch für die Mitmenschen ein Segen ist.

Jesus ist der Kern meiner Existenz, somit ist Jesus für mich Gott! (als menschliche Verkörperung der (Nächsten)-Liebe).

DREWERMANN: Für mich ist Christus die Hand über dem Abgrund des Nichtseins, das Licht in der Dunkelheit, die ohne ihn die Seele in Verzweiflung einhüllen würde. Wir verstehen Jesus nur, wenn wir seinen Ursprung in Gott verankern.

Indem er mutig auftrat, sich um Außenseiter kümmerte und Heuchler entlarvte, machte er sich unbeliebt und beim Establishment verhasst. Es wurden Menschen schon für weniger umgebracht.

DREWERMANN: Eben deshalb musste man ihn umbringen,

weil er die Menschen von den inneren Zwängen erlöst, weil er sie endlich frei macht im Vertrauen auf Gott. Freie Menschen brauchen keine Vermittler zwischen sich und Gott.

Sein Tod war die konsequente Folge seines mutigen Auftretens. Er hat lieber in seiner Konsequenz den Tod in Kauf genommen, als sich in Sicherheit zu bringen.

Das unterstreicht seine Glaubwürdigkeit. So kann ich sagen, dass Jesus für mich gelebt hat (und lebt) und auch für mich gestorben ist.

Er erinnert mich an die Entscheidung des Sokrates, nach der Verurteilung nicht zu fliehen. Er gönnte als Verurteilter seinen Gegnern nicht den Triumph, ihn für einen Feigling zu halten.

Wie weit Jesus sich seiner Sonderstellung als göttliches Wesen bewusst war, wird unterschiedlich empfunden, auch wenn er in den Evangelien oft von Gott als seinem Vater spricht. Wie weit das echte Jesusworte oder aber später ihm zugesprochene Äußerungen sind, müssen die Theologen erforschen. Sein

Wort am Kreuz: „Mein Gott, warum hast Du mich verlassen?!" ist für mich ein deutliches Zeichen, dass Jesus sich in diesem Augenblick nicht bewusst war, ein Teil der Gottheit zu sein.

Ich bin bei Weitem nicht der einzige, den das Blutopfer Jesu abstößt. Der Gedanke, dass Gott selbst in seinem Sohn in diese Welt gekommen ist, um stellvertretend den Tod für uns zu erleiden, hat von Anfang an auch Anstoß erregt.

DREWERMANN drückt das Problem des Blutopfers so aus: (leicht gekürzt)

Das Dogma sagt: Jesus starb im Gehorsam gegenüber dem Willen Gottes, um uns zu erlösen von aller Schuld… Das Dogma tut so, als ob Gott ein Problem mit sich selbst gehabt hätte: Wie kann er der Schuld der Menschen Vergebung angedeihen lassen, ohne seine Gerechtigkeit zu verletzen? Der Ausweg soll gewesen sein: Er findet Ersatz. Er wählt sich ein Opfer aus, das alles wieder gutmacht. So hat Jesus nicht gedacht: Jesus predigte einen Gott, der überhaupt keine Vorleistungen braucht, der keinerlei Opfer benötigt, mit denen wir uns bei ihm verdient machen könnten. Die ganze Opfermentalität kann nur so tragisch enden wie das erste Opfer in der Bibel, wie in der Geschichte von Kain und Abel, die glaubten, sie würden nur akzeptiert, wenn sie das Kostbarste töten und verbrennen würden, das sie hervorgebracht haben. Nur dann werde Gott sie annehmen. In dieser Mentalität wurden sie zu Mördern untereinander aus lauter Angst, nicht gut genug zu sein. Die Wahrheit ist: Gott will überhaupt keine Opfer. Er möchte, dass wir ihm endlich vertrauen und uns zurückführen lassen in das verlorene Paradies eines ursprünglichen Sein-Dürfens. Das mochte Jesus.

Ich habe mehrere Gründe, davon auszugehen, dass Jesu Tod nicht notwendig für unsere Versöhnung mit Gott war und ist:

1. Der wichtigste Grund ist das Sündenverständnis(s.o.). Fast alle Theologen gehen davon aus, dass der Mensch die Sünde (Gottesferne) durch sein mehr oder weniger selbst verschuldetes Fehlverhalten verursacht. Es klingt für mich oft so:

„Dir Sünder muss mal klar gemacht werden, was droht, wenn du so weiter machst! Wenn du böse bist, dann willst du offenbar nicht! Dann darfst du dich nicht wundern, wenn du in der Hölle landest!" (Die Darstellung scheint drastisch übertrieben! Ich habe sie aber fast wörtlich aus einem Jugendgottesdienst in Sachsen vor ca. 40 Jahren. Dankenswerter Weise heute nicht mehr denkbar, oder?).

DREWERMANNS Kritik besonders offenbar an der katholischen Kirche, der er vorwirft, sich zwischen die Gläubigen und Gott zu stellen und die ihn weitgehend mundtot gemacht hat: Gebote halten, ja! Aber damit die Menschen das tun können, ist eine Güte nötig, die nicht straft, die den Himmel nicht verschließt, die nicht den Sperrriegel zwischen Gott und den Menschen in ständiger Sündenangst und Schuldgefühlen errichtet. Gott müsste unmittelbar als eine gütige Stimme vernehmbar werden. (Wozu hier ein Blutopfer?)

Der an seiner Daseinsangst, an seiner Sinnlosigkeit leidende Mensch ist eher zu bedauern als zu bestrafen (siehe Drewermanns Sündenverständnis). Das gilt streng genommen auch für große Verbrecher, wobei man natürlich die Menschheit und besonders die (potentiellen) Opfer schützen muss, auch die Täter vor sich selbst.

2. Um es zu verdeutlichen: Dass jemand für andere sein Leben opfert, kann ich nachvollziehen. Aber keiner von allen Theologen konnte es mir logisch herüberbringen, warum das Umbringen eines schuldlosen Menschen durch einen aufgebrachten Mobb dazu führen sollte, dass Gott nur so sich mit der Menschheit versöhnen konnte. Logisch ist das in keiner Weise durchzuhalten. Dem Leiden Christi wird hier ein Grund, ein Sinn unterlegt, mit dem ich nichts anfangen kann.

Ein gewichtiges Gegenargument, wenn auch nicht zwingend, ist für mich, dass der Opfertod einen sehr viel höheren Stellenwert in Hinblick auf die Auferstehung Jesu hat, als wenn es lediglich ein Märtyrertod gewesen wäre. Die Auferstehung gilt als Symbol dafür, dass Jesus den Tod besiegt hat, (ob den körperlichen oder geistigen Tod aber bleibt umstritten bzw. wird nicht unterschieden). Welchen Stellenwert der Tod hat, den Jesus als verurteilter Verbrecher erlitten hat, können wir nicht sicher beurteilen. M.E. hat man ihn nachträglich zum Opfertod hochstilisiert.

3. Der Kult um Jesu körperliche Schmerzen (z.B. Via dolorosa in Jerusalem) war für mich schon immer eine peinliche Erfahrung. Als Kind schaute ich eine Holzskulptur eines „Schmerzensmannes“ an (in der Severikirche in Erfurt), und eine fromme Person sagte zu mir: „Denke immer daran, an diesen Schmerzen von Jesus sind auch deine Sünden mit schuld!“ Das war mir immer ein furchtbarer Gedanke. Wie kann man einem Kind solche Schuldkomplexe einjagen?

Der körperliche Schmerz lässt sich nicht gut messen und ist individuell verschieden.

Schmerz hat eine wichtige Warnfunktion, die die Evolution sinnreich erfunden hat. Ohne Schmerz und die dazugehörigen Reaktionen wäre (menschliches) Leben nicht denkbar. Wenn der Schmerz sich bei chronischen Leiden dann aber verselbständigt, hat er jedenfalls auch keinen Sinn mehr und quält nur. Bei Naturvölkern gab und gibt es Initiationsriten, bei denen die jungen Leute beweisen müssen, dass sie Schmerzen ertragen können, um als erwachsen anerkannt zu werden. Das muss mir nicht gefallen, und dankenswerter Weise ist so etwas bei uns unüblich. Der einzige mir bekannte Sinn des Schmerzes außer der oben genannten Warnfunktion, ist wohl bei einer Sado-Maso-Beziehung zu finden. Damit kann ich persönlich nichts anfangen.

Die Schmerzforscher werden sicher hierzu noch viel sagen können. Aber die übertriebene Beschäftigung mit Jesu Schmerzen um seine Hinrichtung herum lässt für mich den Verdacht aufkommen, dass hier ein unbewusstes kollektives schlechtes Gewissen wegen der eigenen sadistischen Strebungen besteht, das eine Verarbeitung notwendig macht zur Entlastung. Aber das ist nur eine Vermutung.

Es gibt zwar Aussagen, dass Menschen durch ein Leid seelisch gewachsen seien (was man sich immer wohl auch darunter vorzustellen hat.) Wenn einem bei einem Leiden auch noch ein Sinn eingeredet werden soll („Nur Gott weiß, wozu es gut ist!") wird es für mich zynisch. Das ist falscher Trost. Damit kann ich nichts anfangen. Ich kann mir nicht vorstellen, dass ein körperliches Leiden überhaupt einen Sinn haben kann. Ohne ist es jedenfalls besser. Aber vielleicht lerne ich ja auch auf diesem Gebiet noch dazu.

Dass man Jesus um seine Verurteilung herum gequält hat, gehört zu den zu allen Zeiten „üblichen" Grausamkeiten des Hasses, wenn jemand anderen Menschen ausgeliefert war, die einmal froh waren, ihre eigenen Frustrationen und ihr eigenes gequält Sein an anderen auszulassen. Mangel an willigen Folterknechten hat es zu keiner Zeit gegeben. Genau wie Jesus haben das viele Märtyrer zu spüren bekommen. Wenn ich fragte, was nun bei Jesus besonders sei, dass man nach 2000 Jahren noch Passionszeit, Passionswege und Passionsspiele usw. ausrichtet, bekam ich zur Antwort: „Weil Jesus ja der einzige Mensch ohne Sünde ist!" Das ist sicher zutreffend, hilft mir aber nicht weiter, wenn ich an das Sündenverständnis Drewermanns denke. Da ist der Sünder eigentlich jemand, der nicht unsere Verurteilung sondern unsere Zuwendung, eventuell unser Mitleid braucht. Vielleicht bekomme ich diese Frage einmal später beantwortet.

Aber wieder zu Jesu unschuldigem Sterben: Allein der Gedanke, dass jemand am Galgen, am Kreuz, durch Verbrennen oder durch Köpfen umgebracht werden soll, erregt in mir drastische körperliche Missempfindung, noch schlimmer, wenn es sich um einen Unschuldigen handelt. Ich kann mir keinen Gott vorstellen, der so etwas, wem auch immer, zumuten würde. Es beruhigt mich auch in keiner Weise, dass über die Jahrtausende in Kriegen, und an z.B. religiösen Gegnern Menschen solche Dinge anderen Menschen angetan haben.

Im Gegenteil! Die Grausamkeit der Menschen kann ich mir vorstellen, die Grausamkeit Gottes nicht! Erst recht nicht, wenn Gott für mich Liebe bedeutet. Auch ohne Blutopfer ist Jesus für mich Gottes Sohn (im oben gesagten Sinne), der mir zu einem sinnvollen Leben verhelfen kann.

Letztlich las ich von jemandem, der die grausame Darstellung der Kreuzigung am Isenheimer Altar als Beweis ansah, dass so etwas keinem „gütigen Gott“ einfallen könne. Leider habe ich mir den Autor nicht gemerkt. Wir machen uns sehr selten klar, dass das Kreuz ein sehr viel grausameres Hinrichtungsinstrument als der Galgen ist. Wir könnten uns nicht vorstellen, einen kleinen Galgen als Schmuck oder Symbol an die Wand zu hängen. Insofern finde ich das inflationäre Aufhängen von Kruzifixen in jedem bayrischen Amt sehr eigentümlich, zumal es vom Ministerpräsidenten als „Kulturgut“ deklariert wurde. Nach meinem Gefühl führt das zu einer Verniedlichung und Romantisierung des Kreuzes. Aber andere Länder, andere Sitten.

4. Besonders in der EKD-Schrift wird mir von den Autoren, auch den zitierten (z.B. Anselm v. Canterbury), Gott zu menschenähnlich dargestellt. Man glaubt mir zu sehr, zu wissen, wie Gott denkt oder zu denken hat. Da wird mir viel zu viel spekuliert! Man lässt Gott nicht wirklich Gott sein (Karl Barth) und macht ihn zum berechenbaren „Kumpel". Nur eines wird immer wieder als Quintessenz der Bibelaussagen postuliert: dass Gott die Menschen unendlich liebt. Das möchte ich auch hoffen und glauben. Bei all dem Leiden in der Welt formuliere ich es etwas vorsichtiger: (s.o.) Gott ist für mich die Kraft, die will, dass es mich gibt und ich ein sinnvolles Leben lebe.

5. Zu Gottes Heilsplan gehört die Versöhnung mit den Menschen und der Menschen untereinander. Das will ich auch gern glauben und für wichtig halten. Wenn ich allerdings die Realität anschaue, was in 2000 Jahren aus diesem Heilsplan geworden ist, kommt mir das Grausen! Natürlich gibt es viele wohlmeinende Menschen, die ihren Mitmenschen nur Gutes tun wollen, niemandem schaden und die die Menschheit voranbringen wollen, die sich für die Menschlichkeit abstrampeln (allerdings sind das beileibe nicht nur Christen.)

Ein großer Teil der Menschen kümmert sich nicht mehr als unvermeidlich um seine Mitmenschen, sondern nur um sich und seine unmittelbare Umgebung und die eigenen Probleme. Er/sie tut nichts Böses, aber auch nichts Gutes. Viele meinen, schon genug getan zu haben, wenn sie immer mal hervorkehren können, dass sie ja Steuerzahler seien.

Aber es gibt vom größten Verbrechen bis zum kleinsten Nörgler nichts, was es nicht gibt.

Man schaue sich mal als Beispiel ein oberbayrisches, streng katholisches Dorf an (es kann auch an jeder sonstigen x-beliebigen Stelle sein), wieviel Boshaftigkeit, Missgunst, Neid und Häme da unter der frommchristlichen Oberfläche brodeln. Prototyp der unübersehbaren Literatur über (religiöse) Heuchelei und Bigotterie ist das Buch von Andreas Altmann: Das Scheißleben meines Vaters…(, der superfrommer Devotionalienhändler in Altötting war).

Und im Großen? Wenn wir in die Geschichtsbücher oder in die Geschichte, einschließlich der neuesten Zeit schauen, da höre ich die Herren Hitler, Stalin, Mao und tausende weiterer Schlagetots hohnlachen! Sieht so eine mit Gott versöhnte Menschheit aus? Am Ende des kalten Krieges 1990 äußerte der amerikanische Politologe Francis Fukuyama: Das Ende der Geschichte ist gekommen! (ewiger Friede?) Und? Wie viele Kriege wurden seitdem geführt? Und wie viele Menschen sind seitdem verelendet oder auf der Flucht? Es fällt mir schwer, Gottes Wirken in der Geschichte zu erkennen! Aber ich will ja die Hoffnung nicht aufgeben! Doch an die Notwendigkeit von Jesu Tod für die Versöhnung kann ich nicht glauben.

Ich traue dem Gott der Liebe zu, dass er ohne solches Gruselgeschehen auskommt und sich auch so mit uns versöhnen kann. Ich traue einem väterlich gedachten Gott zu, dass er mir meine Sünden und das Böse in mir verzeihen kann, so wie eine Mutter oder ein Vater auch ihren Kindern ihre (oft überflüssigen) Dummheiten verzeihen, ohne dass dafür ein Blutopfer gebracht werden muss. Ich vertraue darauf, dass die Menschlichkeit Jesu mir bei all meiner Schwäche den richtigen Weg zu einem sinnvollen Leben zeigt.

3. Abteilung: Das Lebensende (im weiteren Sinn)

3.1. Schutzengel

Für viele ist der Gedanke an einen Schutzengel wichtig, der mich vor Gefahren bewahrt. Das ist für mich eine Wunschprojektion. Wir neigen alle mehr oder weniger zu magischem Denken, auch wenn es die wenigsten eingestehen.

(Man versucht auch oft durch spaßige Darstellung seine Verlegenheit zu überspielen: „Wir sind ja nicht abergläubisch, aber nicht über Kreuz Hand geben. Man kann ja nie wissen!" „Ob eine schwarze Katze von links für dich Unglück bedeutet, richtet sich danach, ob du ein Mensch oder eine Maus bist!" Bitte als Witz erkennen).

Wer einer Gefahr entgangen ist, mag überzeugt sein, dass sein Schutzengel ihn bewahrt hat. Aber wo war dieser bei den vielen oft tödlichen Unglücken? Hat er da nicht die Hände aus den Taschen bekommen? Wer es braucht, wem es bei der Bewältigung seines immer gefährlichen Lebens hilft, soll daran glauben.

3.2. Das Leben nach dem Tod

Für viele ist diese Frage besonders wichtig, wenn es um Religion geht. Das Leben nach dem Tod kann eine Wunschprojektion sein. Es wird in der Bibel gesagt, dass mit dem körperlichen Tod nicht alles vorbei ist. Alle weiteren Aussagen sind für mich Hoffnung und Phantasie. Und oft gleitet es in Spekulation ab.

Von meinem Freund Pf. M. POKOJ habe ich auch noch ein schönes Bild: Leben nach dem Tod ist das –im Hegelschen Sinne dreifach Aufgehobensein in Gott:

Aufgehoben im Sinne von beendet,

aufgehoben im Sinne von geborgen und

aufgehoben im Sinne von erhöht

DREWERMANN: Es sind die Bilder in allen Religionen, die uns versichern, dass die Liebe stärker ist als der Tod.

Er schildert den Idealfall: Für Jesus gibt es keinen Tod. Wer wirklich auf Gott vertraut für den ist die irdische Existenz in ihrer Kürze kein Problem. Entscheidend: Man lebt jetzt richtig. Man lebt jetzt, ganz und uneingeschüchtert, man lebt die Wahrheit, die man im Herzen spürt. Und dann kann passieren, was will. Das ist nicht kaputt zu machen. Da gibt es keinen Tod!

Leider bin ich selbst von diesem souveränen Vertrauen noch weit entfernt. Ich versuche, mich anzunähern.

Hier noch eine kleine Denkhilfe und Symbolgeschichte (grob vereinfacht). Der Mensch entspricht einer Münze. Diese besteht aus dem Metall (Körper) und der Prägung (Seele, Geist, ererbte, angeborene und erworbene Eigenschaften). Ohne Metall gibt es die Prägung gar nicht, sie ist imaginär; aber ohne Prägung ist es nur ein formloses Metallteil. Im Lauf des Lebens ändert sich auch die Prägung. Je nach dem, was der Mensch erlebt hat und wie er es bewältigt hat. Geist und Seele werden geprägt durch das Leben. Beim Tod wird die Münze eingeschmolzen. Aber wir haben die Hoffnung, dass jemand (Gott) die Prägung im Gedächtnis bewahrt und mit neuem, vielleicht ungleich besserem Metall eine neue Münze macht. Ein brauchbares Gleichnis für Auferstehung?

3.3. Die Auferstehung

Die Auferstehung ist für mich kein körperlicher Akt („Auferstehung nach hinten“- alle Moleküle werden wieder eingesammelt und der Körper zusammengesetzt!). Sondern es ist ein Symbol der Beständigkeit und der Dauerhaftigkeit der Folgen seines Lebens und dessen, was Jesus für uns bedeuten kann.

DREWERMANN sagt zur Auferstehung: Jesus will uns sagen und steht dafür ein, dass Hoffnung auf Auferstehung Erfüllung aller Liebe ist, indem wir uns wiedersehen in jener anderen Welt…

…Wir sollten Jesus nicht vom Tod her interpretieren, sondern vom Leben her. Für das Leben ist er eingestanden, so dass er den Tod nicht gescheut hat.

…Jesus hätte den Tod nicht auf sich genommen ohne Glauben an die Auferstehung (Vermutung? Behauptung?)

Das sind für mich schwierige Gedankengänge, die auf einer anderen Ebene liegen als ein naturwissenschaftliches Weltbild. Wenn ich trotzdem etwas darüber schreibe, verlasse ich bewusst die naturwissenschaftliche Ebene und formuliere die Phantasie der Menschen, denen eine Hoffnung auf ein Leben nach dem Tod wichtig ist.

Bei den biblischen Aussagen der Auferstehung wechseln die Erscheinungen Jesu zwischen körperlichen (isst mit den Jüngern, kann angefasst werden…) und geistförmigen (geht durch die Wand, verschwindet vor ihren Augen…) Damit wird bewusst ausgesagt, dass es um eine neue Dimension der Existenz geht, die weit über unseren Horizont geht: Der Auferstandene bleibt personhaft wie er vorher war, aber eben nicht in einem wiederbelebten Leib. Dazu könnte man „Auferstehung nach vorn“ sagen.

Diese Dinge sind für viele so wichtig, dass sie die Auferstehung Jesu Christi und damit die Auferstehung der Menschen nach dem körperlichen Tode insgesamt für eine der wichtigsten Tatsachen des Christentums halten. Dieser Meinung bin ich nicht, wie ich oben gesagt habe. Ich halte jede Aussage darüber für Spekulation. Trotzdem habe ich die Hoffnung, dass mit dem körperlichen Tod nicht alles aus ist. Aber ich lasse natürlich jedem Menschen die Freiheit, die Berichte der biblischen Erfahrung der ersten Christen wörtlich oder symbolisch zu nehmen.

Laut Pf. POKOJ geht die Erfahrung dieser ersten Zeugen über reine Historizität hinaus. Erfahrung ist Verdichtung und Verarbeitung reiner Fakten. Die Rede von der Auferstehung eröffnet erst den Hoffnungshorizont und das Geschenk des ewigen Lebens an uns. Sie ist die Sinnstiftung Gottes.

Viele Christen sagen: Wir glauben an die Auferstehung, weil Gott die Macht hat, den Tod zu überwinden. (Welcher Tod ist da gemeint?)

3.4. Der Tod ist der Sünde Sold

So steht es in der Bibel. Das heißt: Durch die Sünde des Menschen (Adams und Evas Essen vom Baum der Erkenntnis ist das Symbol für die erste Sünde = Ungehorsam gegen Gott) kam der Tod in die Welt.

Die ungeheure Schuld, die Adam und damit die Menschheit auf sich geladen haben, wird so gravierend eingeschätzt, dass nicht nur das Paradies (Garten Eden) verloren ging (s.o.), sondern dass dadurch die Menschen ihr Leben verwirkt hätten. Den körperlichen Tod gibt es allerdings schon seit über einer Milliarde Jahren (Mehrzeller sterben, Einzeller nicht notwendiger Weise, wenn sie sich ungezügelt teilen können).

Ohne Differenzierung in körperlich und geistig/seelisch wird von Tod gesprochen. Möglich, dass die Autoren der Bibel doch meinten und glaubten, dass tatsächlich im „Garten Eden“ nicht gestorben wurde. Mindestens heute muss ich von einer metaphorischen Auffassung ausgehen, denn Leben gab es 2-3 Milliarden Jahre vor Auftreten des Menschen, wie ich oben andeutete. Das Aussterben der Dinosaurier erfolgte nicht, weil 60 Mill. Jahre später der Mensch vom Baum der Erkenntnis aß. Werfen wir also das Bibelwort über Bord? Muss nicht sein. Wenn der körperliche Tod nicht infrage kommt, sagt uns das Wort doch wichtiges über den geistig/seelischen Tod. Sünde jeder Art ist Ferne von Gott, selbst Gott sein wollen. Dass das in letzter Konsequenz zum moralischen Verfall und letztendlich zum geistig/seelischen Tod führt, lässt sich nachvollziehen. Wolf Biermann sagte sinngemäß in einem Lied:

Weißt du, was das Schlimmste hier im Leben ist?

Was macht dich zum Sklaven, was macht dich zum Knecht?

Dass wer Unrecht duldet:

Lebt und schon gestorben ist!

Schon dieser Vers macht ihn zu einem Großen der Literatur!

Drewermann: (s. Blutopfer) *Ein Leben in Angst und Sinnlosigkeit ist selber tödlich, ja, mörderisch, in jedem Falle eine lebensunwerte Quälerei. Von diesem „Tod" spricht die Bibel, um ihm das eigentliche, unendliche Leben entgegen zu setzen, das Jesus bringt, indem er die Angst vor dem Tod ... überwindet durch das Vertrauen in Gott.*

Jesus hat den Tod besiegt, so steht es in der Bibel. Was heißt das? Er sorgt dafür, dass unser Leben sinnvoll verläuft und wir keinen geistig/seelischen Tod erleiden. Was nach unserem körperlichen Tod geschieht, ist bestenfalls Inhalt der Hoffnung.

3.5. Schlusswort

Nun, liebe Charlotte, lieber Nicki, lieber wahrheitssuchender Leser, hier angekommen, höre ich auf, wo Ihr erst richtig in Fahrt kommen solltet und Euer eigenes Glaubensbild/Weltbild/Gottesbild formen solltet. Wenn ich mit meinen Anregungen etwas geholfen habe, und wenn es auch nur um Vermeidung unnützer Umwege geht, wäre ich sehr zufrieden. Kritisiert, greift an, bestreitet, lehnt ab, macht Krach! Das wäre alles in Ordnung. Nicht in Ordnung wäre, es gelangweilt in die Ecke zu schmeißen und zu sagen: „Brauche ich alles nicht, was gehen mich meine Mitmenschen an? Und Gott erst recht!".

Es besteht immer wieder die Gefahr, dass unsere Kraft zu klein, unsere Liebe zu schwach und unser Tun vergeblich ist, und dass wir an unserem Nächsten versagen. Packen wir es trotzdem immer wieder an, das zu tun was wir tun können. Es ist die einzige Chance, die unsere Kirche und unser Glaube zum Überleben haben und die ihr einen Sinn gibt!

Ich wünsche Euch (allen) ein sinnvolles Leben und ein seliges, würdiges Ende. (Es muss ja nicht so bald sein.)

Bildnachweis -

Die Bilder auf den Seiten:

25,28,32,43,46,48,64,72,76,84,90,96 und 108

stammen aus dem Buch: Die Bibel in Bildern 240 Darstellungen.

Erschienen im Verlag von Georg Wigand, Leipzig.